国家自然科学基金项目（41771127）成果

珠江三角洲地区制造业集群创新网络及其演进机制

千庆兰　乔如娟　赵逸靖　著

科　学　出　版　社

北　京

内 容 简 介

珠江三角洲是我国制造业发育好、以外向型经济为主的地区，然而近年来，该地区产品技术含量有待提升、自主创新能力不足等已成为制约其发展的瓶颈。构建集群创新网络是产业转型升级的必然选择。本书基于演化经济地理和多维邻近性理论，以牛仔服装制造和生物医药产业为案例，通过问卷调查、深度访谈获取一手资料，对集群创新网络结构及其演化机制进行实证分析，构建了集群创新网络的多层次理论模型，运用社会网络分析和 GIS 空间分析法，揭示了集群创新网络的演化过程及机制。在理论上可以丰富创新网络的演化机制研究，在实践上对提升珠江三角洲集群创新能力具有现实意义。

本书可供经济学、地理学、管理学等领域的研究人员、学生以及相关管理人员阅读参考。

图书在版编目（CIP）数据

珠江三角洲地区制造业集群创新网络及其演进机制 / 千庆兰，乔如娟，赵逸靖著. —北京：科学出版社，2022.12

ISBN 978-7-03-074361-9

Ⅰ. ①珠… Ⅱ. ①千… ②乔… ③赵… Ⅲ. ①珠江三角洲-制造工业-产业集群-企业创新-研究 Ⅳ. ①F426.4

中国版本图书馆 CIP 数据核字（2022）第 249293 号

责任编辑：郭勇斌 彭婧煜 高雅琪 / 责任校对：樊雅琼
责任印制：张 伟 / 封面设计：众轩企划

科 学 出 版 社 出版
北京东黄城根北街 16 号
邮政编码：100717
http://www.sciencep.com

北京中石油彩色印刷有限责任公司 印刷
科学出版社发行 各地新华书店经销
*

2022 年 12 月第 一 版 开本：720×1000 1/16
2022 年 12 月第一次印刷 印张：10 3/4 插页：1
字数：177 000

定价：78.00 元
（如有印装质量问题，我社负责调换）

前　言

当今世界正在经历百年未有之大变局，中华民族伟大复兴正处于关键时期。全球经济格局面临重组，新一轮科技革命和产业变革孕育兴起，以数字化、智能化为主要特征的新产业、新业态不断涌现。随着土地、劳动力等生产要素成本的提高，中国过去几十年经济增长所依赖的低成本优势正在衰减，亟须寻找新的经济增长点和发展的新动能。党的十九大报告指出："创新是引领发展的第一动力。"改革开放四十多年来，珠江三角洲地区经济的快速增长得益于其制造业集群的蓬勃发展，目前产业发展的国内外环境发生了前所未有的变化，构建集群创新网络，提高自主创新能力是区域可持续发展的关键。虽然珠江三角洲地区的制造业蓬勃发展，但其综合创新能力与发达国家相比仍有很大的提升空间。如何有效解决上述问题，找到提高集群创新能力的有效途径，促进区域可持续发展？这既是当前我国经济地理学理论研究的新切入点，也是处于工业化中期的国家亟待解决的重大问题。经济地理学理论研究和产业集群发展的实践表明：构建集群创新网络，发挥各创新主体的能动性，加强网络节点间的信息、知识和技术等的创新联系，是产业集群转型升级的关键和必然选择。

在此背景下，《珠江三角洲地区制造业集群创新网络及其演进机制》在借鉴国内外研究的基础上，梳理了集群创新网络研究的相关理论，构建了集群创新网络结构及其演化机制的分析框架，选取珠江三角洲地区具有典型性和代表性的两个制造业集群——广州新塘牛仔服装产业集群（传统产业）和广州生物医药产业集群（高新技术产业），一方面从理论上探究集群创新网络的结构特征及其演化机制，另一方面通过案例解析产业集群创新发展的路径。本书从理论上揭示了集群创新网络形成与演化的动力机制，丰富了工业地域空间组织的地理学研究内容；也为促进制造业集群转型升级和创新发展提供了理论依据，对提升珠江三角洲地区制造业集群创新能力具有重要的现实意义。

全书从整体上看可以分为理论篇和实证篇两个部分。其中理论篇包括第1章、第2章和第3章，是研究的理论基础，该部分系统梳理了创新网络理论、多维邻近性理论和演化经济地理学理论的内涵、特征及主要内容，分别从集群创新网络结构、多维邻近性与集群创新、演化经济地理与创新网络演化等方面，探究集群创新网络的演化过程，总结集群创新网络演化的影响因素和演化机制，为后续开展的实证案例研究提供理论基础和分析框架。实证篇包括第4章、第5章和第6章。第4章介绍了本书案例区的选择和研究区域的概况。第5章进行了传统产业集群创新网络演化的实证研究，以广州新塘牛仔服装产业集群为例，运用演化经济地理学理论，揭示了新塘牛仔服装产业集群的创新网络结构特征及其演化机制。第6章进行了高新技术产业集群创新网络演化的实证研究，以广州生物医药产业集群为例，从多维邻近性视角，深入解析了生物医药产业集群创新网络的演化过程及演化机制。

本书是千庆兰教授主持的国家自然科学基金项目（41771127）的主要研究成果，全书由千庆兰设计编写提纲、组织撰写并完成统稿，本书撰写分工如下：第1章由千庆兰撰写，第2章由赵逸靖和千庆兰撰写，第3章由乔如娟和千庆兰撰写，第4章由千庆兰撰写，第5章由乔如娟撰写，第6章由赵逸靖撰写。

感谢所有的受访企业、产业联盟、行业协会及相关政府部门在项目资料收集和调研过程中给予的鼎力支持；感谢国家自然科学基金委员会对本书提供的出版资助；在本书撰写过程中，广州大学硕士研究生陈清怡、王玉娇参与了部分资料整理、图表及文献的核查及校对工作，对她们表示衷心感谢。本书出版过程中得到了科学出版社的大力支持，在此一并表示最诚挚的谢意！本书不足之处，敬请各位读者批评指正。

千庆兰

2022 年 6 月

目　录

理　论　篇

第1章 创新网络理论

1.1 创新网络的特征与结构

创新网络的概念由 Freeman 提出，他认为创新网络是企业在创新过程中的制度安排，是以企业的创新合作为联结机制的（Freeman，1991）。技术创新会在特定的时间与空间上以群体的方式出现，由此出现了集群创新网络的最初思想。创新网络具有多元互补性、开放性、动态性、学习性、根植性、协同竞争性等特征（余佳群，2013）。虽然不同学科对创新网络的解读不一，但都认为创新网络具有结构性特性。各网络节点通过与创新相关的正式或非正式关系联结成创新渠道；信息、知识、技术等隐性资源以及产品、人员、资金等显性资源在创新联系中传递、流动与共享；众多的创新联系之间相互交错、融合，最终形成了创新网络。

对于产业集群而言，集群内的企业、客户、供应商等都是集群创新网络的主体。集群创新网络并不是单一层面的。Giuliani 和 Bell（2005）对智利制酒产业集群进行实证分析发现部分企业与集群外的组织有紧密联系。Graf 和 Henning（2009）指出，大学和公共研究机构在区域创新网络中有重要的影响作用。Andersson 和 Karlsson（2006）认为集群内的企业组成创新核心，其周围被支撑和互补的企业所包围。

创新网络具有一定的层次性。创新网络是由核心网络、辅助网络和外围（支持）网络构成的创新系统，创新网络具有总体结构特征（魏江，2004）。但对辅助网络、外围（支持）网络的内部组成，学术界仍未完全达成共识。大学及研究机构、中介机构、金融机构等被普遍认为属于辅助网络的成员；政府及相关部门等组成外围（支持）网络。

除了对各层次的网络进行探究外，关于创新网络的节点、渠道、网络自身等的研究也较多。核心网络中，因技术、知识、资金等的差异，形成了核心企业与非核心企业。有学者提出，非核心企业不一定处于劣势，其在两个或多个网络中起到关键性的连接作用，控制着资源的流通（Takeda et al.，2008）。Owen-Smith 和 Powell（2004）通过对波士顿生物技术产业的实证分析，发现创新网络中核心企业能够改变整体网络信息流。Liefner 和 Hennemann（2011）通过分析中国光电产业创新网络，提出节点在网络中的位置对主体间的学习和创新起重要作用。Graf 和 Henning（2009）从波士顿生物技术产业获取新知识的渠道中发现，本地企业除了相互之间的互动外，其更多的是与外部国际知名企业形成合作伙伴关系。对网络自身的研究可归纳为不同类型的创新网络与各类创新主体的相互影响研究、定量分析创新网络结构属性研究两个方面。国内学者通过实证提出，集群内企业间的协同创新行为对网络结构的演化产生正向影响，技术中介机构和政府行为能促进网络演化（吴钊阳等，2018）。林秋月等（2010）通过建模仿真，指出探索式创新的网络具有路径短、内聚性高的特征；而利用式创新的网络密度较低，且派系特征明显。在创新网络的定量研究中，节点强度及平均路径长度是最常见的两个测度网络属性的变量（王京和高长元，2014）。窦红宾和王正斌（2010）从网络强度、稳定性、密度、规模等方面探索网络结构特征与创新绩效的关系。邬爱其（2006）从网络范围、关系强度和网络开放性三个视角探究网络特征对企业成长的影响。运用网络中心度指标（李二玲和李小建，2009），专利、合著论文等数据进行网络空间结构特征的量化研究，是定量分析的主要趋势（汪涛等，2011）。

1.2　创新网络的机制与演化

波特把产业集群的生命周期分为诞生、发展和衰亡三个阶段，为集群创新网络的演化研究提供了分析基础。经济学、管理学、社会学、地理学等多学科的学者，以不同视角，从集群创新网络的形成、运行、升级、演化、学习、互动机制等多方面进行了探讨。蔡宁和吴结兵（2005）认为，网络式创新是以知识为基础，以集体学习机制为实现途径的创新模式。通过梳理发现，已有研究对产业集群内部网络运行机制的探究主要集中于知识溢出与集体学习（徐蕾，2012）。集群内的正式交流促进显性知识的传播，非正式网络推动隐性知识的共享。集群的知识溢出一般有三种途径：拥有技术和管理专长的企业家在本地流动、企业衍生、研发人员在本地企业间的互动。创新网络的形成与升级、网络内部的学习与互动均离不开网络结构、主体、成果等的变化。在创新网络的演化机制研究中，特别是网络多方面的动态变化，开始受到学界关注。

随着网络内外部环境的变化，其组织、技术与空间等随之出现新的特征，使网络演化成为可能（吕国庆等，2014a）。创新网络演化的驱动因素包括集群内主体间的网络变化及相对应的循环累积作用（Boschma，2005）。关于影响创新网络演化的强度和广度的因素，研究表明文化嵌入的内容与强度均会对集群企业创新网络演化趋势的强弱程度有所影响（魏江，2004）。在各种因素的综合影响下，集群创新网络沿着一定的路径，分阶段发生演化。吕国庆等（2014b）对长江三角洲地区装备制造业产学研创新网络的研究发现，该网络具有明显的阶段性特征。余凌和郭峘（2014）通过探讨产学研合作创新模式，提出创新网络一般会经历"单部门单链合作阶段—跨部门单链合作阶段—复合部门多链合作阶段"。刘友金和刘莉君（2008）把创新网络比作生物种群，总结得出了创新网络在"结网—成长—成熟—更新"不同发展阶段的特征。也有学者从网络主体粘着机制方面，以生物演变的萌芽、形成、发展、成熟和解体五个阶段来解释创新网络的演化过程（肖华茂和田钢，2010）。创新网络自身是动态生长和发展的，因此创新网络的演化路径对集群及其企业创新能力的生成和发展必然产生影响（郑海涛和刘玲，2011）。应该从哪些角度探究、如何探究与测度创新网络的演化，也是学者研究创新网络演化问题的重点。较为常见的定量方法包括复杂网络分析法和演化博弈法（高霞和陈凯华，2015；王维等，2014）。除此以外，也有学者运用多智能仿真方法、混沌理论分析法等方法，对网络的不同角度、演化的不同层面进行研究（张永安和付韬，2010）。

1.3　创新网络与创新绩效的关系

网络结构是创新网络形态的表现，创新绩效是创新网络创新能力的体现。在一定的网络结构下，会形成一定的创新能力，而创新绩效的变化，也会对网络结构产生影响。一些研究关注网络结构的特征方面，并探索其对创新绩效的影响。郭亚平和孙丽文（2009）认为，网络规模、互动性及其联系的质量对创新绩效有直接正向影响，网络的本地化程度对创新绩效无显著影响。网络的中心势、整体密度、结构洞等作为描述网络结构的常用指标，也常被用来分析对创新绩效的影响（李响，2016）。一般认为，网络结构洞与创新绩效之间呈负相关（李晨蕾等，2017），结构洞产生的信息冗余会阻碍创新合作，从而影响绩效的提升。但也有不少学者通过实证研究发现，一定程度的或某一方面的结构洞，对创新绩效有正向的作用（张晓黎和覃正，2013）。黄林等（2018）提出，集群网络结构洞与集群网络密度的交互作用对企业创新绩效有显著的正向影响。李守伟和朱瑶（2016）认为，结构洞对企业经济和生态创新绩效有正向促进作用。网络密度越大，创新知识、技能等资源的扩散速度就越快，规模也越大（罗晓光和孙艳凤，2015）。产业类型、网络所处的阶段不同，网络密度会对创新绩效产生显著的正向影响（冯卫红和胡建玲，2017）或负向影响（黄林等，2018）。通过对家具制造业集群的研究，范群林等（2010）认为，节点度、中介中心度对企业创新绩效存在正向影响。另外，网络的闭合特征、小世界特征分别对短期与长期的创新绩效有相反的作用，即网络闭合特征对短期创新绩效有正向影响，但对长期创新绩效有负向影响；小世界特征对短期和长期创新绩效的影响则与闭合特征恰好相反（赵良杰和宋波，2015）。除了对整体网络的分析外，学者还发现个体中心网的异质性对创新绩效的提高有显著的正效应（黄磊等，2015）。

网络结构对创新绩效的影响并不总是单纯的一对一作用，两者的关系也并非简单的线性关系。其格其等（2016）在分析我国 ICT 产业产学研合作创新网络时发现，网络的聚簇系数能显著、正向影响当期创新绩效，而网络可达性对滞后一期的企业创新绩效有同样的正效应。网络多样性、网络强度、网络密度、聚集系数、小世界 Q 值等对创新绩效的影响呈倒 U 形（朱泯静等，2013；连远强和查耀华，2016），即网络结构的各个特征对创新绩效的提升推动力具有临界值。目前，大量研究倾向于网络结构对创新绩效的作用。事实上，两者存在阶段性的相互作用关系（刘凤朝等，2013），也有学者将其看作交互催化的协同进化过程（樊霞和朱桂龙，2010）。

除了对网络结构与创新绩效的直接关系的探究外，也有一部分研究分析一些因素在网络结构与创新绩效之间的中介作用。其中，吸收能力、资源获取成为中介研究的热点。艾志红（2017）的研究指出，网络密度能促进创新吸收能力的提高，从而有利于创新绩效的提高。吸收能力在网络结构影响创新绩效的过程中起着重要的正向作用（陈艳艳和王文迪，2013；戴勇等，2018；雷星晖等，2013）。吸收能力在企业外部网络结构与企业创新绩效之间起到部分中介的作用（窦红宾和王正斌，2010）。网络结构通过提高吸收能力而提高创新绩效，同时也通过扩大资源的可获取性间接促进创新绩效的提升。此外，资源获取的中介作用也得到大量研究的证实（史丹丹，2014）。蔡玮和陈晓红（2010）提出，网络规模、网络开放度对资源获取具有积极作用，而资源获取对企业绩效具有正向影响。窦红宾和王正斌（2010）在对光电子产业集群的研究中发现，显性知识与隐性知识的获取，在网络中心度、联结强度、规模等对创新绩效起作用时具有中介作用。除此以外，知识共享、远程创新搜索、组织学习等也被作为中介因素加入网络结构与创新绩效的相互作用研究中（谢永平等，2011；丁道韧和陈万明，2016；李文博，2009）。另外，有学者认为网络结构是创新绩效与其他要素之间的中介因素。如在创新的投入对绩效的影响方面，曾德明等（2015）认为，网络密度、网络中心势的高低会影响研发投入与创新绩效的正向关系强度。有学者提出，网络中心度、网络密度能正向调节探索式创新与新创企业绩效的关系（董保宝等，2017；曾德明等，2015）。

第 2 章　多维邻近性理论

2.1　邻近性的内涵与分类

邻近性与集群、创新网络相结合的分析由来已久，在其概念正式提出前，就已经以不同的形式或视角参与到相关研究当中了。邻近性在部分研究中又被命名为临近性、接近性，其内涵与意义相同。邻近性不仅指空间距离上的靠近程度，也指主体间特征、能力、等级的相似程度，关系的亲疏程度，等等。地理邻近性在节省距离成本、促进知识溢出方面的作用已得到普遍认可，其他形式的邻近性逐渐被学者发现并进行探究。法国邻近性动力学派最早对多维邻近性开展了综合的探索，不断产出具有影响力的学术成果。邻近性逐渐成为西方学者关注的研究热点，并被普遍认为具有多维度的特性。

"多维邻近性"概念提出后，随着对其内涵与分类的理论探究，出现了不同邻近性动力学派之间的争论。基于自身的研究目的、研究视角，学术界对多维邻近性的划分与内涵的界定存在差异。目前尚未出现被普遍肯定的、清晰的概念框架，多维邻近性的内涵界定模糊，在类型划分上存在交叉。多维邻近性的类型划分方法不一，在三分法中区分了地理邻近性、组织邻近性和技术邻近性三种类型；在五分法中，Boschma（2005）提出地理邻近性、认知邻近性、组织邻近性、社会邻近性和制度邻近性五种类型。

近年来，国内学者对多维邻近性的相关研究成果进行了较系统的梳理。夏丽娟和谢富纪（2014）在对多维邻近性下合作创新的研究进行评述时提到，在合作创新方面，众多学者关注地理邻近性、认知邻近性、技术邻近性和社会邻近性。李琳和雒道政（2013）在对多维邻近性与创新的西方研究的回顾中，重点梳理了地理邻近性、组织邻近性、制度邻近性、认知邻近性、社会邻近性与创新的关系。地理邻近性水平高，有利于隐性知识与信息在面对面的交流、互动中溢出，从而提高创新资源的流动效率；组织邻近性有助于合作伙伴间建立较高的信任度与共同目标，促进非标准化资源的顺畅流通，从而促进长期稳定的合作；制度邻近性一般被认为是组织邻近性的一部分，因合作伙伴制度框架的相似，可降低交流与交易成本；技术邻近性表现为创新主体间具有相当的理解与吸收能力，便于知识的转移；文化邻近性即主体间具有相同的文化背景，能提高合作沟通的效率；社会邻近性一般被视为社会关系的相近，即社交圈、亲朋关系等，社会邻近性强有利于以共同的经验、知识源，更高的信任度进行创新合作，进而提高创新效率；认知邻近性指主体在各种因素的影响下，形成的观察与理解方式，对事物具有相似的认知，才能提高主体间合作的可能性与主体创新能力。李琳在其著作《多维邻近性与产业集群创新》中，对多维邻近性的类型进行了划分，并界定了其概念。她认为多维邻近性包括地理邻近性、认知邻近性（技术邻近性）、组织邻近性（文化邻近性、制度邻近性、社会邻近性）三种形式。本书基于李琳的划分方式，并以其重新构建的多维邻近性概念框架作为参考，探究邻近性对创新网络的作用。

2.2　邻近性与集群创新

高新技术产业创新研究表明，仅有地理邻近性发挥作用并不能促进产业创新，创新主体之间需要形成其他性质的邻近性。集群创新是各邻近性相互交织、作用的结果，在探讨各邻近性之间的关系、各邻近性的作用时，可单独对其进行分析（谭文柱，2012）。参考已有文献对高新技术产业邻近性的研究，结合生物医药产业高技术性、高知识性的特点，针对本书对生物医药创新网络的分析需要，选择地理邻近性、认知邻近性、组织邻近性三个维度分析邻近性对创新网络结构演化、创新绩效等的影响。

（1）地理邻近性与集群创新。地理邻近性即主体间的物理空间距离的远近程度，可以以实际距离长度、交通通达时间、区域范围的虚拟数值等指标度量。对地理邻近性的研究比对其他类型的邻近性的研究要早，研究成果更多。因信息技术逐渐成熟，有学者提出"地理已死"或"距离不再重要"的观点。当前，学者普遍认为，较短的物理距离有利于创新主体面对面交流，从而促进相互之间信任的建立，推动信息、隐性知识的快速转移。地理邻近性并非创新的充分条件或必要条件，其与其他类型的邻近性相互促进、替代（饶扬德和李福刚，2006）。

创新绩效是地理邻近性在集群创新研究中较常见的主题。其中一部分研究表明，地理邻近性对创新绩效有显著的正向作用。赵炎等（2015）认为企业间的地理邻近性能正向调节网络密度对创新绩效的影响。也有学者提出距离知识源近的企业能获得更好的创新绩效（李琳和韩宝龙，2009）。韩宝龙等（2010）发现地理邻近性的影响具有边际报酬递减的特征。周灿等（2017）发现地理邻近性虽然对发达地区的创新绩效影响不显著，但有助于欠发达地区创新绩效的提高。有学者结合地理位置与网络位置进行分析，提出地理邻近性与中心度的交互能正向调节创新产出，但其与结构洞交互的作用不明显（郭燕燕等，2017）。王孝斌和李福刚（2007）认为适度的地理邻近性能提高网络创新绩效，但过度的地理邻近性会削减主体的创新能力，导致"空间锁定"。国外学者分别对不同产业进行分析，认为地理邻近性对企业间的知识流动有重要作用（Almeida and Kogut，1999）。

合作创新是地理邻近性在集群创新研究中的另一受关注点。墨西哥的相关研究表明，企业与本地大学和非本地大学的合作中所包括的知识形式具有差异（Fuentes and Dutrénit，2016）。李琳等（2012）以法国生物技术产业为案例，对合作创新进行了分阶段分析，发现不同阶段主导的地理邻近性的性质不一；对我国企业与大学合作的研究发现，高技术企业与传统企业、大型企业与中小型企业在与大学合作时，对地理邻近性的依赖程度不同。胡杨和李郇（2016）认为地理邻近性能对合作创新的其他相关因素产生影响。周成和魏红芹（2018）发现，地理距离的衰减有利于集群内的知识溢出，而产业集群的效应与地理邻近性具有互补效应。

探究邻近性对集群演化、动态性的影响的研究还不多。马双等（2016）对上海市装备制造业创新网络进行演化分析，发现地理邻近性的重要性在创新网络发展后期才开始显现。马荣康和刘凤朝（2017）运用新能源技术专利数据，通过社会网络分析方法分析创新网络的演变特征，认为地理邻近性在网络形成与发展中发挥主导作用。高兴和翟柯宇（2018）认为，地理邻近性对集群、网络的演化有显著的影响，不同产业的影响机制及作用阶段具有差异。

（2）认知邻近性与集群创新。学术界对认知邻近性的内涵仍未达成共识。有学者把认知邻近性看作社会邻近性与组织邻近性的一部分（Torre and Rallet，2005），也有学者提出认知邻近性包含技术邻近性（Boschma，2005）。认知邻近性在合作创新中的影响机理可概括为：主体需要拥有对事物相似的认识、一致的认知水平，才能促进知识的流动和转移，进而促进创新。本书认为认知邻近性的内涵包括主体间的学科、技术水平、吸收与理解能力的相似度，可以以创新产出的类型、员工的学科或工作背景、员工的学历等来反映。

认知邻近性较多出现于主体间知识、技术的传递或共享的研究。Lazzeretti 等（2015）从意大利创意产业的分析中发现，具有相关知识基础的公司能在较长的时间内形成稳定的共存关系，创新合作优势更加明显。新技术信息的吸收和应用由创新主体的认知的接近程度决定。国内对单一的认知邻近性的研究较少，有学者探究了认知邻近性对横向技术标准合作的影响，以及与技术联盟创新绩效的关系（毛崇峰等，2016）。杨春白雪等（2018）分析发现，认知邻近性对网络结构的影响显著，建议构建网络时要维持适度的知识势差。知识密集型产业的创新合作、网络构建、主体互动等均离不开一定的认知邻近性，认知差异程度会影响合作沟通的效率。

（3）组织邻近性与集群创新。组织邻近性主要反映了主体间在结构、文化和制度约束上的相似性。Shaw 和 Gilly（2000）基于依附逻辑定义组织邻近性，提出该邻近性是主体间具有相同的行为规则、习俗以及正式的法律规则等。李琳（2014）将组织邻近性细分为横向和纵向两个维度，横向组织邻近性由同类企业竞争产生；纵向组织邻近性因同一企业内部的管理、交流和控制所需而形成。本书界定的组织邻近性涵盖内涵较多，包括企业内部的上下级结构、社会交往圈子、共同的市场环境、相同的制度或文化背景等，可以通过创新主体间是否存在层级关系、亲缘或业缘关系、市场内上下游关系等来衡量。组织邻近性、社会邻近性的相关研究成果较多。组织邻近性的远近可通过主体间的网络关系衡量；社会邻近性主要通过个人之间的非正式关系（亲人、朋友等）进行评价；制度邻近性可用制度、政策、经济体制等衡量；文化邻近性可从企业或组织的文化、区域文化的相似与区别进行判断，文化邻近性与制度邻近性有一定的交融。

国外学者对组织邻近性的研究多倾向于社会邻近性方面，部分学者认为社会邻近性的作用比地理邻近性大。对欧洲科学工作者进行访问以及对专利数据进行分析表明，该地区生物技术行业从业人员依赖于与旧同事的知识联系来获得知识和信息（Lou and Spoehr，2010；Keane et al.，2017）。国内学者认为组织邻近性对合作绩效有显著的正向影响，但过度的组织邻近会限制新资源的进入，使网络具有封闭性（汪涛和曾刚，2008；曾德明等，2014）。

2.3　多维邻近性与高新技术产业创新

现阶段，多维邻近性在产业创新方面的研究集中于分析邻近性对创新的作用效应；通过邻近性分析产业的形成、演化等；分析在产业创新过程中各维度邻近性之间的相互作用。

邻近性在高新技术产业领域的研究可分为两维与多维分析。两维的邻近性研究以地理邻近性与认知邻近性的结合为主，其中又分为区域产业创新研究与集群产业创新研究两个方面。在区域层面，我国学者进行了多角度的分析，包括地理邻近性和认知邻近性对我国 56 个高新区创新绩效的影响特征及规律（李琳和王晓峰，2014）；对长江三角洲区域协同发展的交互影响与所产生的效应研究（李琳和曾巍，2016）；分别对全国层面的合成型和解析型知识基础产业的作用规律研究（李琳和龚晨，2017）。国外学者从城市创新的视角，揭示了高度专业化的大都市受地理邻近性的限制较少，而在创新合作中受认知邻近性的限制明显（Wouden and Rigby，2019）。我国学者指出，地理邻近性与技术邻近性对高新技术产业的溢出效应明显（王庆喜，2013），国外学者对此却有相反的结论（Orlando，2000）。在集群层面，通过对软件企业的经验网络分析模拟（SIENA）分析发现，地理邻近性与认知邻近性对企业战略联盟的形成都有显著影响，且认知邻近性的影响更大（李琳和张宇，2015）。另一研究指出，在高新技术产业的发展和成熟阶段，地理邻近性对创新绩效出现负影响。对地理邻近性与组织邻近性的共同研究较少，中西方均有学者提出组织邻近性会弱化地理邻近性对高新技术产业的作用（李后建，2016；Wal and Anne，2014）。

　　高新技术产业的多维邻近性研究于近年产生多样化的趋势，主要为创新效应、网络演化、跨区域创新等方面。滕堂伟（2015）以张江生物医药产业集群为例，证实了地理邻近性在集群外部网络形成中的支配作用，验证了组织邻近性与认知邻近性对创新网络的重要性。张省（2017）讨论了多维邻近性对产学研协同创新绩效的影响以及各邻近性之间的相互影响。阮平南等（2018）进一步提出地理邻近性能正向调节技术、社会邻近性对组织间隐性知识转移的影响。刘国巍和张停停（2018）探讨了多维邻近性对创新网络空间格局的形成与演化，指出多维邻近性下斑块型空间格局的创新绩效最高。胡杨和李郇（2017）认为在技术创新的不同阶段，各维度邻近性的积极影响存在差异，邻近性之间的互补效应优于替代效应。也有学者指出，邻近性的重要程度取决于知识的类型，其影响强度也随着产品的研发、营销等各阶段而变化（Davids and Frenken，2018）。李琳和邓如（2018）通过研究环渤海经济区、长江三角洲地区、珠江三角洲地区的电子信息产业集群发现，在不同区域的产业集群的不同发展阶段，各种邻近性对创新的影响程度存在较大差异。在全球化、城市群协作背景下，产业的跨区域协同创新正成为新焦点。国内学者的研究成果也存在争议，如产业的认知邻近性是否过高，组织邻近性中的地方保护主义是否仍明显，等等（党兴华和弓志刚，2013；吴卫红等，2016）。

第 3 章　演化经济地理学理论

3.1　发 展 历 史

演化经济地理学萌芽于 20 世纪 80 年代晚期，受到区域科学、新城市经济学、新经济地理学和制度、文化等多维"转向"的影响，主要研究创新系统和产业集群，但这一时期的演化经济学理论零散，不成系统。到 20 世纪 90 年代末，经过不断的理论与实证研究，演化经济地理学理论体系初步建立，有关演化经济地理学的学术交流活动也开始活跃，主要以荷兰乌特列支大学与德国法兰克福大学的两个研究小组为主。2005 年开始，演化经济地理学的理论与经验研究发展到了新的高度，此时属于理论体系整理阶段，演化经济地理学成为经济地理学研究的新方向。

演化经济地理学与新古典经济地理学、制度经济地理学既有共同点，也有区别（贺灿飞和黎明，2016；刘志高和尹贻梅，2007），其与新古典经济地理学的相似点是都使用规范的模型并关注空间格局的不平衡；与制度经济地理学的相似点是均反对完全理性和效用最大化，强调制度环境的作用。在假设前提、研究尺度、动态性方面，三个理论都具有独特性。在假设前提方面，演化经济地理学认为人是有理性的，具有异质性。在研究尺度方面，不同于新古典经济地理学和制度经济地理学，演化经济地理学注重微观与宏观的结合，研究企业组织管理的制度环境。在动态性方面，演化经济地理学认为发展主要依赖企业的经验积累和组织范式的传承和创新，这是内生条件。

3.2　基 本 概 念

（1）惯例。"惯例"是演化的轨道，是企业可遗传的"组织基因"，通常会影响企业的决策，是产业集群形成与演化的重要形式。惯例是企业已经固化了的做事方式或发展过程，是企业过去知识与经验的积累，是企业异质性的基础（Nelson and Winter，1982），具有自动化和程序化的特征（纳尔逊，1997）。惯例主要通过企业衍生的方式传递，当企业发生衍生时，惯例由母企业传至子企业。

演化经济地理学认为，成功的企业相对于其他企业来说，可以衍生出更多的子企业，且子企业一般会与母企业分布在同一地区，子企业继承母企业惯例的程度与产业属性特征、母子企业间的地理距离有关。企业惯例的作用具有双面性，一方面，企业惯例包含了企业的意会知识，可以在企业内部被模仿与复制，但是不易被外部其他企业模仿，这就保证了企业在一定时期内具有竞争力；另一方面，长期的企业惯例也会导致企业发展的固化，容易使企业陷入低效率的闭锁状态，如果不积极转变发展模式，最终会走向失败。因此，要合理看待企业惯例，当遇到闭锁期时，要积极寻求外部力量的干预，如外部的政府或企业（樊新生和李小建，2009）。

（2）选择。选择的概念最早来源于达尔文主义，是指在自然界的竞争中，具有优势或能够获得更多资源的行为主体才能被选择，以获得生存的机会。选择的研究内容是变异和新奇在经济系统中传播的原因与方式。演化经济地理学中对选择的研究主要是强调选择机制在经济活动空间演化过程中发挥的作用，例如，在分析市场选择企业的原因时，根据企业的异质性特征，不同的企业拥有不同的惯例，经过市场竞争，拥有不适应市场环境惯例的企业被淘汰，而被选择的企业获得继续发展的机会。选择机制的研究有利于对产业集群的形成和演化机制做出更加具体和深刻的解释。

（3）新奇。"新奇"亦称"创新"（innovation），是演化的根本动力，是推动产业升级与产业空间演化的重要因素，也是演化经济地理学中的重要概念，既包括内部创新，也包括外部创新。演化经济地理学多强调新奇对经济时空变化所产生的影响（刘志高和尹贻梅，2006a），在此基础上，运用演化的方法分析在一定的历史和地理背景下，产业的空间结构和网络形态结构的变化。新奇是产业空间结构和组织形态发生变化的重要因素，对产业升级与产业的空间重构具有决定性的作用。

（4）路径依赖。路径依赖源于生物学，最早由美国经济史学家提出，后经过发展，逐渐在各个学科广为应用，成为研究经济、技术和制度发展演化的重要概念（Sunley，2006）。路径依赖通常是指在区域发展中，在收益递增机制的作用下，经济主体会更倾向于模仿成功者，使得这种成功的经济活动迅速普及且规模不断扩大，于是区域发展就产生了路径依赖。

研究人员在研究鲁尔工业区"锁定"现象时，第一次将路径依赖运用在经济地理学中，此后，路径依赖开始运用于老产业区衰落、产业集群形成等经济地理学研究中。Martin等指出，企业家通常会选择在母企业所在地进行创业，因为这样创新知识更易于在本地传播，因此"地方依赖性"（place dependence）是路径依赖的显著特征（Martin and Sunley，2006；Klepper，2002）。学者将路径依赖分为两种类型：一种是以企业衍生和集聚经济为驱动形成的路径依赖（Keeble et al.，1999）；另一种是在本地经济发展过程中过度专业化等因素导致的路径依赖，也被称为路径锁定（尹贻梅等，2012）。

3.3　理　论　内　涵

20世纪90年代，经济地理学家借鉴演化经济学的相关知识，并融合产业区理论和创新系统理论，提出了演化经济地理学的概念。同期，"文化转向""制度转向""关系转向"也为演化经济地理学的发展奠定了基础，使其成为地理学科新的研究视角。演化经济地理学的出现，弥补了经济地理学对于动态研究的不足（刘志高和尹贻梅，2006a）。

（1）演化经济地理学是经济地理学的一个新视角，主要分析经济活动的非均匀分布状态的历史演进过程，并探究经济活动形成空间异质性的演化机制和成因（Dosi，1997）。强调从微观、中观和宏观多尺度来分析企业惯例及其影响、集群的演化与空间特征、企业间的创新联系以及网络演化的过程、集群与外部环境的相互作用等。演化经济地理学主张以生物演化学说和复杂科学理论为根本，坚持历史的重要性，认为时间是不可逆的，空间也存在异质的特性，这与地理学的地区差异研究相似，目前，演化经济地理学在地理研究中受到广泛运用，包括产业空间演化研究，区域竞争力与差异研究，产业集群形成的动力机制与演化的路径研究（刘志高等，2011），经济景观（生产、流通、交换、分销与消费的空间组织）内生变化的历史过程研究（Boschma and Martin，2007），企业的演化过程及其对产业、网络、城市、区域的空间演化的影响研究（Boschma and Frenken，2011）。

（2）演化经济地理学以广义达尔文主义理论、复杂性理论和路径依赖理论为理论基础（Boschma，2010）。有学者利用惯例、新奇和选择三个概念来解释演化的过程，其中，惯例是企业可遗传的"组织基因"，包括企业衍生和人员流动；新奇是外界环境的刺激，是促进演化的根本动力；选择是网络结构演化的原动力，受到内外部因素的综合影响（贺灿飞和黎明，2016）。也有学者提出用选择、遗传和变异三个概念来描述演化，其中，遗传通常是指企业之间关系的保持，是企业间合作路径依赖和模仿的结果；变异类似于新奇，是企业打破原来的路径，建立新路径的过程。

广义达尔文主义将演化生物学中的多样性、选择和保留运用在经济地理学的研究中，来解释经济活动的演化过程，探讨异质个体或种群如何通过彼此之间的相互作用，以及与环境的相互作用而进行演变。演化经济地理学中的广义达尔文主义主要是来自现代演化生物学的概念，包括多样化、新奇、选择、合适、保留、突变、适应和"种群的思想"。广义达尔文学说与复杂性理论和路径依赖的分析方法是一致的，但是广义达尔文学说比后两者更具有普遍性。该理论通常被用来解释区域内部不同企业之间的竞争对区域演化的影响和不同区域集群演化过程存在的差异（Essletzbichler and Rigby，2007）。

复杂性理论关注多样化的创造，集群创新网络是由集群及其所处的环境所组成的一个创新生态系统，系统中的主体间相互联系，通过物质、能量和信息的交换，获得进化发展。复杂系统能通过集群的自组织过程，不断调和结构和动力，以适应外部环境的变化（Martin and Sunley，2007）。

路径依赖是理解历史的重要概念，与物理学中的惯性概念相似，是指当事物进入某个发展轨迹后，便会更倾向于沿着这条轨迹继续运行下去。它是一个开放的持续适应和变化的过程，它的发展受到原先的经济技术环境和新奇变化的综合影响。演化经济地理学中路径依赖理论的内容包括偶然性和自我（自我催化的）动态作用、通过收益递增效应"锁定"（网络外部性）、分叉和路径创造等。路径依赖主要表现在技术变迁与制度变迁中，技术变迁过程中的路径依赖强调"历史小事件"的重要性，认为其具有决定性作用，但是结果存在不可预期性；制度变迁过程中的路径依赖存在"用中学"和"协调外部性或网络外部性"两种报酬递增的机制,这也使得路径发展出现锁定。技术变迁与制度变迁中的路径依赖都存在四种增强机制,包括规模效应、学习效应、协作效应和适应期效应,这些机制不断强化路径的发展,也间接导致了路径的锁定。在地方经济发展研究中,尹贻梅等(2012)总结出更新形式(企业衍生与集聚经济)和"锁定"形式两种路径依赖的表现形式,其中"锁定"是指由于过度专业化、忽略外部联系而导致的路径依赖。Martin 和 Sunley(2006,2007)认为,在经济地理中,"地方依赖"是路径依赖的显著特征,对地方的企业行为具有重要的影响,如企业衍生(Keeble et al., 1999)。企业家往往会优先选择母企业所在地进行创业(Klepper,2002),这样不仅可以减少环境的适应成本,还能持续获得母企业的技术信息扩散。因此,企业衍生是产业空间演化的主要动力,促进了技术本地化扩散。路径依赖理论强调已有信息和知识的存留与累积,它并不代表历史决定论或者必然带来锁定,而更关注个体能否基于对历史经验的理解,在历史轨迹中实现创造性的转变。

共同演化理论源于生物学领域,现被广泛运用于经济学、管理学以及演化经济地理学领域,是融合了广义达尔文主义与复杂系统理论的新的研究方向。共同演化主要是指处于不同组织、环境等主体之间的相互作用过程(Norgaard,1985),共同演化具有双向或多向因果关系、多层级、嵌入性和路径依赖等特征;共同演化的发生不局限于一个层级,而是涵盖微观、中观与宏观多层级尺度,并嵌入本地的社会环境;主体间的互为因果关系与多层级的特征导致了共同演化的复杂性与不确定性,从而导致其具有非线性的特征;边际报酬递增效应与知识的外部性会促进互动主体的正反馈效应,从而也使得主体间的共同演化受到之前的演化路径依赖的影响。

(3)演化经济地理学还重视网络的内外部环境研究,包括技术、制度等要素,从动态演化视角将宏观层面(环境)和微观层面(企业)结合起来进行研究(刘志高和尹贻梅,2005)。制度理论是从创新网络关系主体所处的环境出发,强调环境对意识形态潜移默化的影响。在制度层面的研究具有独立性,但其与其他层面的研究也密切相关。制度对产业空间演化的影响主要表现在各级政府对产业布局的引导、强化和限制上。制度理论认为,制度是影响企业行为和区域发展的因素,但不是决定因素(Boschma and Frenken,

2009）。集群创新网络的形成与发展受到制度环境的促进或约束。企业的发展环境和组织惯例与制度密切相关，制度变化会改变企业发展环境，从而影响企业组织惯例的发展。同时，组织惯例也会影响企业在面临制度变化时所做出的反应（Spicer et al.，2000）。区域制度演化与产业演进之间存在着密切的相关性，各区域政府会主动调整制度，为新产业提供发展机会，或促进产业的转型升级（Martin，2010）。

　　演化经济地理学理论采用动态演化的分析方法，弥补了经济地理学中的新古典和制度分析存在的不足，通过分析企业的进入、增加、衰退、退出以及空间再配置过程，揭示了企业、产业、网络、城市与区域的协同演化关系及其对空间经济差异的作用，演化经济地理学能够将时间与空间元素内在地联系起来（Frenken and Boschma，2007）。

　　目前，国外对演化经济地理学的研究主要包括两个方面：第一，对演化经济地理学的基本概念与理论的探索与深化；第二，探索演化分析框架，将演化经济地理学的理论运用到企业和产业集群的动态变化研究、网络空间演化研究和制度的演化研究中。Essletzbichler（2012）介绍了广义达尔文学说与演化经济地理学的关系，认为广义达尔文学说的核心原理在经济地理学领域具有重要的应用价值，为研究区域经济动态提供了不同的视角和新的见解。Martin 和 Sunley 分别从演化经济地理学视角研究了路径依赖与复杂性理论（Martin and Sunley，2007；Sunley，2006）。Glückler（2007）从演化经济地理视角提出了"地理网络轨迹"（geographical network trajectories）的概念框架，将网络演化研究与经济地理的演化分析相结合，探索了全景图库业销售联盟网络在 1990—2005 年的演化（Glückler，2010）。

　　中国学者对演化经济地理学的研究主要分为理论研究与实证研究两个方面。理论研究主要介绍目前西方经济地理学的发展历史、相关理论及其在经济地理学中的重要性，对演化经济地理学理论的创新性稍有涉猎（刘志高和尹贻梅，2006b；李福柱，2011）。实证研究主要是运用演化经济地理学研究城市的形成与演化、生产网络空间结构演化与机制、旅游地演化、产业结构及空间的演替与分叉、老工业区的创意转型路径等。王周杨等（2013）详细介绍了演化经济地理学的理论组成，并从微观、中观和宏观多尺度探讨了集群演化的过程和动力机制。刘志高等（2011）指出对在演化经济地理学视角下的产业集群的研究需要结合中国国情。邓元慧等（2015）通过对城市群的空间结构演化的分析，运用演化经济地理学研究了城市系统的不同层次之间的关系、城市群形成的原因和过程。马海涛和刘志高（2012）采用社会网络分析方法，运用演化经济地理学的核心概念，即从"选择、遗传和变异"的研究视角出发，对潮汕地区的纺织服装生产网络进行了案例研究。许琳和沈静（2017）在共同演化视角下研究了汕头市澄海区玩具产业集群的契约、网络和制度之间的共同演化机制，并将其发展路径分为路径创造、路径发展、路径锁定或新路径创造三阶段。刘志高和张薇（2016）认为演化经济地理学有利于理解推动产业结构变化的要素及其作用机制，是一种较好的理论和研究方法，但是在运用过程中，要将起源于欧美的演化经济地理学的研究框架进行修正。张永凯和徐伟（2014）以中国汽车工业为例，运用演化经济地理学理论探讨了汽车产业空间的演化机制及其影响因素。

实　证　篇

第4章 案例区选择与研究区概况

4.1 典型案例区选择

作为我国改革开放的前沿，1978 年以来，珠江三角洲地区凭借得天独厚的区位优势和优惠的政策条件，积极承接国际产业的转移，经过多年积淀，逐渐形成了以制造业为经济主体、以产业集群为特色、以散落在珠江三角洲各镇区为分布形态的经济结构。进入 21 世纪，面对复杂的国际环境和日益激烈的竞争，面对成本、资源、环境等的压力和挑战，珠江三角洲地区制造业集群亟待转型升级，打造创新网络，提升自主创新能力和产业竞争力成为其发展的当务之急。

结合珠江三角洲地区的经济特点、制造业集群发展现状及其典型性和代表性，同时兼顾制造业发展类型的多样性，本书选取了该地区具有代表性的两个典型制造业集群作为研究案例，它们分别是广州新塘牛仔服装产业集群和广州生物医药产业集群。所选取案例的行业类别一个是传统制造业（服装制造），另一个是高新技术产业（生物医药），案例区及产业的选择具有很好的典型性和代表性。

4.2 研究区域概况

4.2.1 广州市增城区新塘镇概况及其牛仔服装产业发展概况

增城区是广州市市辖区，位于广东省中东部、广州市东部，东江下游北岸，罗浮山西面；东与惠州市接壤，南与东莞市隔江相望，西与黄埔区毗邻，北与从化区和龙门县接界。增城区面积 1616.47km²，下辖 7 个镇、6 个街道、285 个行政村和 71 个居委会，常住人口 146.63 万人。拥有一个国家级经济技术开发区，以及国家级侨商产业聚集区"侨梦苑"，是全国城乡融合发展试验区，全国著名的荔枝之乡、丝苗米之乡、牛仔服装名城、新兴的汽车产业基地和生态旅游示范区。2021 年，全区实现地区生产总值 1266.66 亿元，同比增长 10.8%；规模以上工业总产值 1609.16 亿元，同比增长 11.1%；固定资产投资 1066.99 亿元，同比增长 1.3%；社会消费品零售总额 444.62 亿元，同比增长 9.4%；一般公共预算收入 113.85 亿元，同比增长 5.3%。①

新塘镇位于珠江三角洲东江下游北岸，广州市东部，东邻仙村镇，南与东莞市隔江相望，西靠黄埔区，北接永宁街，地处广州、深圳、东莞等多个城市区间，是广佛都市圈和深莞都市圈的交集区域。新塘地理位置优越，交通发达，目前有广深高速、广惠高速、广园东快速、107 国道等交通主干线，与珠江三角洲骨干交通网相连，是广州东部交通枢纽中心。全镇面积 85.09km²，辖 33 个村民委员会、20 个社区居民委员会，常住总人口约 65 万人，其中户籍人口 18.4 万人、外来人口 46.5 万人。新塘镇先后荣获"中国绿色名镇""中国十佳和谐小城镇""全国民营企业发展环境最佳乡镇""中国最具发展潜力名镇""广东省牛仔纺织服装技术创新专业镇"等光荣称号。2021 年，新塘镇规模以上工业总产值约 239.31 亿元；固定资产投资总额约 173.38 亿元；限额以上社会消费品零售总额约 48.04 亿元；限额以上批零业商品销售总额累计完成 670.27 亿元；税收收入约 55.34 亿元。辖区内注册的各类生产企业共有 4000 多家，已形成以牛仔服装制造业、摩托车行业及零配件行业等为骨干的工业体系。②

牛仔服装制造业是新塘民营经济的特色和亮点，目前新塘有牛仔服装及相关配套企业 3000 多家，占新塘工业企业的 60%。有达到国际先进技术水平的各类服装纺织制衣设备 7 万多台，拥有国际最先进的棉纱染色设备、牛仔面料织机以及制衣、水洗、漂染、防缩等最先进的后整理设备，形成了纺纱、染色、织布、整理、印花、制衣、洗漂等完善的产业链，每天可加工生产 250 万件牛仔服装。拥有广州康威集团有限公司、广州增城市广英服装有限公司、广州市创兴服装集团有限公司等一批广东省名牌企业，以及 VIGOSS、增致、魔斗士、笨小孩等 1000 多个国内外注册知名品牌，产品销

---

① 增城概况. 2022. http://www.zc.gov.cn/gl/jrzc/zcgk/[2022-10-2].
② 新塘概况. 2022. http://www.zc.gov.cn/jg/jdbscjzzf/xtz/qygk/[2022-10-2].

售世界各地。新塘是享誉国内外的"中国牛仔服装名镇",有"中国百佳产业集群之牛仔服装产业集群"之称。

4.2.2　广州生物医药产业集群发展概况

广州生物医药产业具有明显的集聚态势,2016 年前主要分布于广州国际生物岛与广州科学城。2016 年广州生物医药企业出现爆发式增长,企业数量与增长速度远高于过去的二十年。随着原有的集聚空间饱和,产业准入条件提高,企业开始选择在广州其他区域落户,目前已形成了各具功能的多个产业集聚区,其中广州国际生物岛与中新知识城以生物医药的研发为主,广州科学城集研发和生产一体,番禺区拥有丰富的大学资源,荔湾区与越秀区集聚了众多的三甲医院。

(1)广州科学城(以下简称科学城)。科学城于 1998 年正式奠基启动,位于广州市东部的黄埔区,距离广州白云国际机场约 17km,驱车两个小时可达香港。广深铁路、广深高速公路、广汕公路、广州环城高速公路在该区域汇集,形成对外通达性较高的高新技术产业集聚区。作为广州市东部发展战略的中心区域,广州高新技术产业开发区的核心园区,科学城的建设以高新技术产业的研究开发、生产制造为主。其建设目标以打造产、学、研一体化为主,并在附近范围内配套少量高级住宅。科学城现已成为多功能的现代新型城区,其发展定位为区域性科技创新创业中心。依据科学城规划及目前企业集聚现状,可沿主干道将其划分为电子信息产业区、生物医药产业区、新材料与新能源产业区、综合研发孵化服务区、生态保护区等。科学城已形成电子信息、新能源与节能环保、生物医药、新材料等高新技术产业集聚,聚集了众多高科技企业和广州市近一半的研发机构。在生物医药产业集聚方面,科学城集聚了广州市香雪制药股份有限公司、广州白云山中一药业有限公司、广州达安基因股份有限公司、广东永顺生物制药股份有限公司、阳普医疗科技股份有限公司等生物医药龙头企业,以及百奥泰生物制药股份有限公司、广州迈普再生医学科技股份有限公司、广州锐博生物技术有限公司等一批生物技术创新企业。

(2)广州国际生物岛。广州国际生物岛(以下简称生物岛)于 2000 年获国家批准立项并命名，2006 年被认定为国家生物产业基地，2011 年正式运营招商。生物岛地处广州东南端，行政管辖属于海珠区，委托广州开发区开发建设。生物岛是珠江后航道上的一个江心岛，有地铁、隧道直接连通广州大学城和市中心，与珠江新城、琶洲国际会展商务区、广州国际金融城遥相呼应。生物岛交通便利，距市中心 10 分钟车程，一个小时内可到达广州火车东站、白云国际机场，两个小时内可到达珠江三角洲地区其他主要城市及港澳地区。其发展定位为创新高地和精品园区，生物岛内企业享受黄埔区、广州开发区的所有优惠政策。全岛绿化率达 47%以上，拥有较好的生态环境。

　　生物岛占地约 1.83km^2，虽土地面积有限，但配套设施与服务完善。园区向企业提供政府事务、创业辅导、技术研发、商务配套、投资融资、对外合作、宣传推广、交流活动等八大服务。标准产业单元一、二、三期已投入运营。园区内有产业孵化、研发创新、产业服务、生物服务、综合管理、公共活动六个功能区。目前入驻的企业行业包括医疗器械（29%）、生物新药（23%）、基因工程与蛋白质工程（13%）、干细胞与细胞工程（10%）、生物配套服务（10%）、医疗检测及健康管理（9%）服务以及其他相关行业（6%）。进驻的生物企业超过 150 家，包括广州金域医学检验集团股份有限公司、广州赛莱拉干细胞科技股份有限公司、广州互联网医院有限公司等生物医药领域的龙头企业。

　　（3）中新知识城。2010 年，中新知识城正式奠基，占地 123km^2，地处黄埔区北部，地铁已与广州地铁网连通，公共交通逐步完善。距中心城区35km，距白云国际机场 25km。中新知识城是中国与新加坡两国政府共同推动的国家级双边合作标杆项目，目标是成为 20 年后能为 50 万人提供生活、工作、学习、休闲的宜居之城。城内接近一半的区域被保留为森林绿地，拥有丰富的生物资源、良好的生态环境。中新知识城重点围绕新一代信息技术、人工智能、生物医药、新能源与节能环保、新材料、科教服务、文化创意、总部经济等方面打造千亿产业集群。规划建成生物医药园、广州国际医学谷，打造国际级的研发、预防、治疗、健康枢纽。目前已入驻的知名企业有广州百济神州生物制药有限公司、通用电气医疗集团等。

　　（4）越秀区产业集聚区。广州越秀区位于广州中心偏西，东与天河区接壤，南与海珠区隔江相望，向西毗邻荔湾区，北与白云区相邻，是广州最古老的中心城区。区内城市主干道密布，公共交通发达，是广州的行政、商贸、金融、文化中心。现已形成以第三产业为主体、以特色经济为带动、以商贸服务业为支撑的产业格局。区内有世界 500 强企业的总部或分支机构分布，广州"一区五园"高科技园区规划之一的黄花岗科技园也坐落于此。越秀区拥有优质的医疗资源，中山大学附属第一医院、广东省中医院、广州军区总医院等 25 家公立三甲医院集聚于此，其卫生技术人员、总诊疗人次数、总收入均占全市的四成以上。同时，越秀区拥有中国科学院院士、上百名享受国务院政府特殊津贴专家、上千名博硕士研究生导师，成为汇聚华南地区高层次医疗人才的集中地。本书的调研区域，即目前形成的生物医药产业集群，北至黄花岗科技园，南到中山大学北校区，东达广东工业大学东风路校区，西临北京路商务区附近。该区已集聚了以广东省药品交易中心有限公司、华润广东医药有限公司、国药集团广东省医疗器械有限公司为代表的一批医药流通、医疗器械龙头企业。

（5）白云区产业集聚区。白云区位于广州西部，其西界为佛山市南海区，北面为花都区、从化区，南面连接天河区、越秀区、荔湾区等三区。白云区面积约 800km^2，是广州市以城带郊的中心城区。其空间广阔，华南快速干线、多条省道、地铁二号线、机场快速干线等组成了区内四通八达的交通网络。华南最大的客货火车编组调配站和最大的铁路编组站均坐落于此，交通基础设施优势突出。工业在白云区具有重要地位，形成了以云埔（白云）工业区、石井工业区等为代表的工业发展基地。白云区人民政府与广东省科学技术厅、广州市科学技术局共同投资建设的广州民营科技园，是国家级科技园区，享受开发区优惠政策。现有的生物产业集群环绕白云山分布，目前已集聚的龙头制药企业包括白云山何济公制药厂、广州白云山明兴制药有限公司、广州医药股份有限公司等。白云生物医药健康产业基地正在规划建设中，该基地位于白云区北部，处于京珠高速与广从高速相交的范围内。

（6）天河区产业集聚区。天河区位于广州中部偏东，被白云区、黄埔区、海珠区环绕。作为广州新的城市枢纽，天河区拥有天河汽车客运站、东圃汽车客运站、天河大厦汽车客运站等大型汽车客运站以及广深高速的起始站广州东站，BRT 线（快速公交系统），地铁一号线、三号线、四号线、五号线贯穿该区，交通资源高度富集。天河区是广州新城市中心，广州市东进轴与南拓轴交会点。区内甲级写字楼群众多，华南理工大学、暨南大学、华南师范大学、华南农业大学等多所大学坐落于此，各领域的研究机构、检测中心密集分布。天河科技园、天河软件园发展成熟，科技资源聚集。天河区工业以电子、精细化工、生物制药、机械制造等行业为主，地区生产总值、城市居民人均可支配收入等指标常年位列全市之首。天河区内的生物医药产业集群规模仅次于科学城、生物岛，主要集聚在各大高级写字楼群、大学、研究机构附近。可以分为三大集聚板块，北面为中国科学院华南植物园至天河软件园沿线区域；南面为中山大学附属第六医院至时代广场沿线及其周边区域；西面为华南理工大学至珠江新城沿线区域。

（7）海珠区产业集聚区。海珠区位于广州珠江以南，是城市的"老四区"之一，也是广州行政区未扩大前的工业重区。区内建有海珠客运站，区中心距离广州火车南站 30 分钟车程，通往各区的公共交通便利。生物岛位于海珠区内，与广州大学城隔江相望。中山大学南校区也坐落在该区，附近分布各类创新空间、科技基地、研究机构。由旧厂房、旧民宅改造而来的创意园区、科技园区各具特色，与天河区园区相比，其准入门槛较低，高新技术产业集群已具规模。生物医药集群主要集中于海珠区的西北部区域，三大集聚板块分别围绕广东药科大学（宝岗校区）、仲恺农业工程学院（海珠校区）、中山大学（南校区）集聚分布。另外，区内有 9 家综合类、专科类三甲医院，医疗资源较充足。

（8）荔湾区产业集聚区。荔湾区位于广州市西部，作为老三区之一，与越秀区、海珠区连接，其腹地面积较小，海、陆、空立体交通网络完善。该区是广州中心城区和广佛都市圈的核心区，也是广州市商业、饮食服务业、金融业等最为集中的市区之一。区内的清平中药材市场，是华南地区最大的药材集散地和境外药材贸易的转口地。全区共有三甲医院 8 家，医院数量与其空间面积之比仅次于越秀区。到 2025 年，该区将初步形成创新驱动的医药健康制造业、全方位全周期的健康服务业、特色鲜明的跨界融合新业态。目前已经形成以国际高端医疗服务为核心的智慧医疗、康复医疗、第三方医学检验的产业集群，主要集聚在西场立交与中山八路之间，多为价格较低的中档写字楼群。

（9）番禺区产业集聚区。番禺区位于广州市南部，与南沙区接壤。广州火车南站以及直接连通广州中心城区的交通均处番禺区北部，通过已开通的南沙港和莲花山港到香港约一个半小时航程。其主要科技创新资源聚集在番禺节能科技园，科研资源集中在广州大学城。番禺节能科技园是广州南部的科技创新集群，重点培育节能环保、新能源、新一代信息技术等战略性新兴产业，集聚创新平台与总部经济，已搭建技术、金融、政务服务平台。广州大学城于 2004 年正式进驻大学，大学城一期包括中山大学、华南理工大学、广州中医药大学、广东药科大学、广州大学等十所知名大学。大学城二期进驻暨南大学、广州医科大学和华南理工大学国际校区。区内正在打造广州大学城健康产业产学研孵化基地。该基地已进驻企业约 150 家，并出现了生物医药、医疗器械、干细胞与再生医学、免疫治疗、精准医学、大数据医药信息挖掘等领域的创新合作。现阶段的企业主要集聚于大学城的广东药科大学以及从番禺节能科技园至石北工业路沿线区域。

第5章 传统产业集群创新网络演化实证研究：
广州新塘牛仔服装产业集群案例

5.1 分析框架与研究设计

5.1.1 分析框架

集群创新网络结构模型构建。创新网络是由创新主体、主体之间的联系、创新资源以及网络的边界所组成的网络系统。Camagni 从联系的视角将创新网络分为"基于联系的"与"非基于联系的"两种联系网络，前者主要指集群创新网络中企业主体之间基于产业链的联系、劳动力的流动所形成的联系网络和企业衍生形成的联系网络，后者则主要基于交流中所形成的模仿和逆向工程等形成的联系网络。劳动力的流动、基于上下游产业链所形成的交流与合作、模仿与逆向工程、非正式交流、信息的供应、与大学和研究机构的联系也被认为是促进集群创新的重要因素（Camagni，1991；Keeble and Wilkinson，1999）。李二玲和李小建（2009）在研究欠发达农区的传统产业集群的网络演化时，将网络划分为衍生网络、情感网络、咨询网络和合作网络。史焱文等（2015）在研究农业产业集群创新网络时，将创新网络分为企业合作创新网络、官产学研合作创新网络、区间合作创新网络和国际合作创新网络四个子网络。立足于传统产业集群的发展情况，结合前人的研究成果，综合共同地域文化环境、全球化与日益增加的外部联系对集群创新的影响（魏江，2004；滕堂伟，2015），本书构建了广州新塘牛仔服装产业集群创新网络的三层结构模型，即产业集群创新网络由创新核心网络、创新支持网络、创新环境网络三个子网络构成（图5-1）。

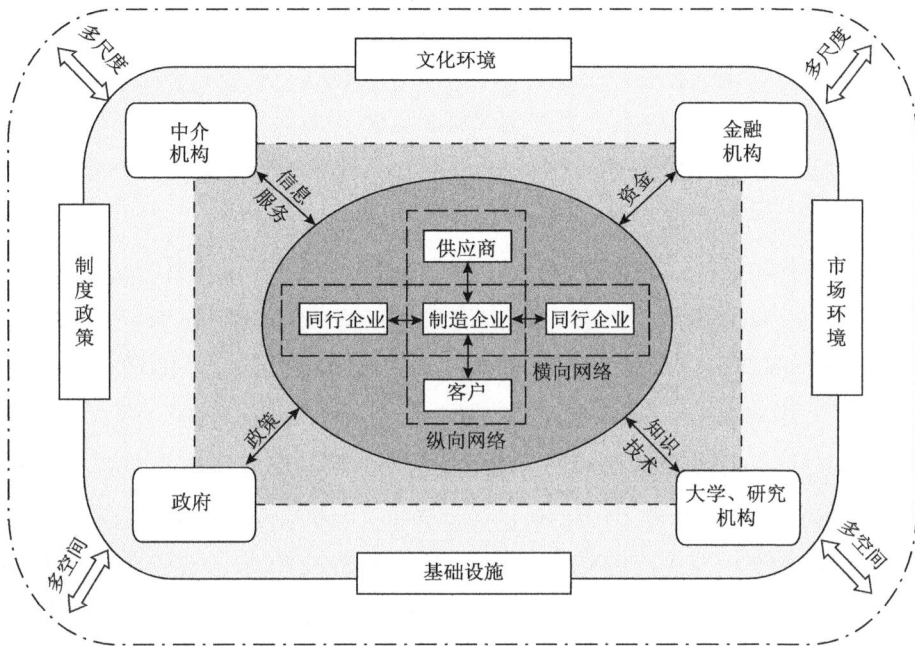

图 5-1　产业集群创新网络结构模型

5.1.2　研究设计

（1）数据来源。数据来源包含两个方面，一是通过网络渠道收集的官方数据，包括在国家企业信用信息公示系统、国家知识产权局、中国专利信息网、中国版权保护中心网、国家知识产权局商标局、广东省知识产权公共信息综合服务平台等网络平台上获取企业、专利、商标、合作论文和经济发展情况的相关数据。二是通过实地调研获取调查问卷与访谈数据，本节主要介绍问卷与访谈数据获取的相关情况。

样本量和构成的依据。样本量根据式（5-1）计算：

$$N=Z^2 \times [P \times (1-P)]/E^2 \tag{5-1}$$

其中，N 为样本量；Z 为统计量，当置信度为 95%时，Z=1.96，当置信度为90%时，Z=1.64；E 为误差值；P 为概率值。

根据国家企业信用信息公示系统所公示的广州新塘地区的"纺织业""纺织服装与服饰业"企业，截至 2017 年 12 月，共查到相关企业 5469 家，经过筛选，剔除体育用品服装企业、婴幼儿棉纺织服装企业等与牛仔服装无关企业，共获得牛仔服装产业相关企业 5142 家。企业总量低于 10 000 家，因此选取统计量（Z）为 1.96（置信度为 95%）、允许误差值（E）在 5%时所需的样本量（Z=1.96、E=5%、P=0.5 时，N=385），即问卷样本量至少应达到 385 份。牛仔服装产业发展中的创新环节主要体现在纺纱技术、浆染技术、牛仔服装款式的研发设计、辅料的设计、销售的新渠道开发、制作工艺以及贯穿整个生产链的机械设备的更新。本次应发放的企业调查问卷的数量是：纺织企业 26 份、制衣厂（服装加工厂）139 份、工艺厂 31 份、洗漂厂 6 份、综合类服装公司 153 份、辅料企业 27 份、包装企业 3 份（表 5-1）。调研资料与数据的获取，主要通过一对一问卷发放和半结构式访谈的形式进行。问卷发放时间开始于 2017 年 10 月 26 日，完成于 2018 年 1 月 18 日，实际问卷总发放量为 439 份，有效问卷达 405 份，有效率超过 90%，发放地点遍布新塘镇（表 5-2）；访谈企业 40 家，包括产业链不同环节、不同类型、不同规模的企业，样本选择具有典型性和代表性。

表 5-1　不同类型企业的问卷计划发放数量　　（单位：份）

企业类型	纺织企业	制衣厂(服装加工厂)	工艺厂	洗漂厂	综合类服装公司	辅料企业	包装企业
企业数量/家	351	1862	410	76	2047	356	40
问卷数量/份	26	139	31	6	153	27	3

表 5-2　问卷实际发放与回收情况　　（单位：份）

发放地点	发放总量	有效问卷
国际牛仔城	80	73
民营工业园	15	15
汇美辅料城及东坑片区	70	67
新塘国际贸易中心	22	20
大敦村	20	20
久裕村	32	30
夏埔工业园	13	10
西洲工业园	6	3

发放地点	发放总量	有效问卷
太平洋工业园	22	20
沙埔银沙工业园	5	5
广州东部布匹辅料城	20	20
万佳国际纺织服装城	31	30
其他发放点	103	92
总计	439	405

（2）研究思路。本书运用演化经济地理学理论，在前人相关研究的基础上，探索性地构建了传统产业集群创新网络演化的分析框架，并以广州新塘牛仔服装产业集群为案例，进行网络演化过程与演化机制的实证分析。主要基于企业、行业协会等网络主体进行实地调研和访谈的第一手资料，结合相关统计年鉴、国家知识产权局、中国专利信息网、广东省知识产权公共信息综合服务平台等的数据，来分析改革开放 40 多年来新塘牛仔服装产业集群创新网络的结网过程与网络主体、创新联系及其创新网络结构的演化特征；揭示集群创新核心网络-创新支持网络-创新环境网络的演化过程与演化机制，从宏观制度、中观产业、微观企业层面揭示集群创新网络的共同演化机制。

5.2　产业创新发展现状

新塘牛仔服装产业经过 40 多年的发展，在创新方面取得了一些成效，但是效果不太显著，商标、专利的申请与合作论文的发表等还有待提升。作为典型的传统制造业，新塘牛仔服装产业的持续发展必须依靠技术改造与品牌战略的实施，实现牛仔服装产业集群向高附加值、低能耗、高创新性的现代服装产业集群转型，完成牛仔服装产业由"加工贴牌"向"自创品牌"的转变。

（1）商标和专利。截至 2017 年 12 月，在国家企业信用信息公示系统、国家知识产权局、中国专利信息网、中国版权保护中心网、国家知识产权局商标局、广东省知识产权公共信息综合服务平台、广州市知识产权信息网，地址以"广州新塘"为关键词，搜索到拥有商标的企业共 557 家，约占全部企业的 10.3%。其中纺织业拥有商标的企业数量为 47 家，纺织服装与服饰业拥有商标的企业数量为 510 家，共申请商标数量达 2067 个，商标拥有数量为 1355 个，拥有率为 66.55%。考虑到商标申请完成时间需要 12—14 个月，因此，我们主要观察 1989—2016 年的商标申请的数量趋势变化（图 5-2）。从 1989—2015 年新塘牛仔服装产业商标申请量的趋势中可以清晰地发现，有三个较大的波动时期，分别在 2002 年、2007 年、2013 年左右，从 2013 年开始出现较大幅度下降，其原因有很多，包括企业对未来市场需求量的预估不理想，减缓设计投资；企业本身拥有的商标饱和，已经有足够多的企业面对客户和市场的需求；等等。商标的申请标志着新塘牛仔服装产业开始走上自主品牌之路，企业不再只是通过完成"三来一补"的简单制造加工来获取微薄利润。1989 年，出现了第一例商标申请，随后商标的申请量逐渐增多。2000 年后，专利申请开始出现，标志着企业维权意识的提高。截至 2017 年 12 月，新塘牛仔服装产业已拥有专利共 80 项，涉及纺织染整工艺、布料、脱水、制衣、辅料及机器设备，各产业链环节所占有的专利的比重不一，其中以服装设计专利最多，占到总数量的 35%；其次是纺织类，占 28.75%，主要包括面料工艺及脱水印染等技术和设备的更新；服装加工所涉及的专利，主要包括服装加工环节中机械设备的改进与发明。在 80 项专利中，企业拥有专利 51 项，个人专利为 29 项。在浆染工艺方面的专利，出现企业与大学合作的现象。

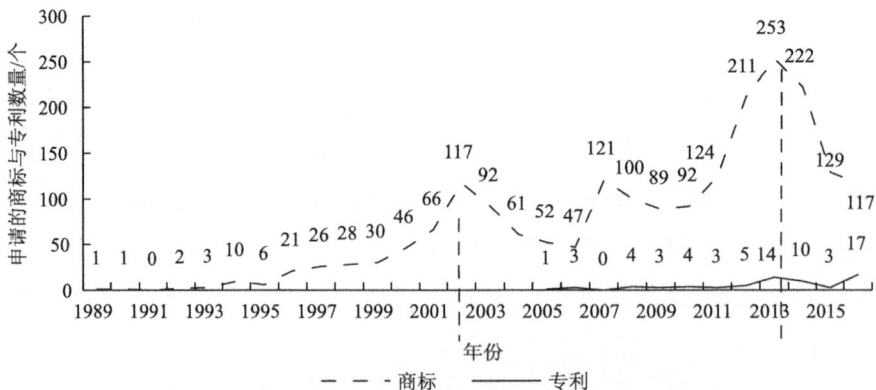

图 5-2　1989—2016 年新塘牛仔服装产业商标申请与专利拥有量

（2）技术与品牌。20 世纪 80 年代初，金冠制衣厂就开始积极引进国外先进的机械设备进行牛仔服装的制造加工，这种引进国外先进机械设备的方式一直是中大型企业更新技术的重要方式。目前新塘的中大型企业也有自主更新设备，但是更多地还是以引进国外设备为主。从 2007 年起，虽然商标的申请量出现波动变化，但是，牛仔服装制造行业的品牌带动作用较为明显，特别是在喜为王、增致、康威和笨小孩等知名品牌的带动下，出现了明显的拉升态势，还增加了广州光阳制衣有限公司、广州东宝织造厂有限公司、增城东升纺织有限公司、增城东方刺绣有限公司、广州益佳针织有限公司、广州南大地纺织服装有限公司等 25 家中型纺织服装企业，比 2005 年企业数量增加了 6 家。截至 2017 年，新塘镇拥有的 1355 个商标中，拥有全国驰名商标的企业包括广州康威集团有限公司、广州增城市广英服装有限公司；有广东省著名商标的企业包括广州胜兴隆服装有限公司、广州市创兴服装集团有限公司、广州东英纺织品有限公司。

（3）合作论文。合作论文主要来源于知网及百度等网络平台（表 5-3）。作为传统服装产业，相关的研究类论文文献较少，从查找的结果可以看出，新塘牛仔服装产业的相关研究的合作论文主要集中在牛仔服装的产业转型升级与污染治理方面，合作论文也体现了政府、研究机构和大学的创新合作。从专利与相关的合作论文可以看出，在浆染工艺、污染治理与新塘牛仔转型升级方面，出现了政府及其相关机构、大学、企业、研究机构之间的合作，而在相关的品牌设计方面则鲜有合作发生。

表 5-3　与新塘牛仔服装产业相关的合作论文

合作论文	主要内容	年份	合作对象
改良厌氧-生物接触氧化处理纺织印染废水	污染治理	2002	武汉方元环境科技股份有限公司、增城环保工程公司
广州市新塘镇水环境重金属污染特征研究	污染治理	2014	西南科技大学环境与资源学院、环境保护部华南环境科学研究所（现生态环境部华南环境科学研究所）
广州新塘某印染工业园污水处理与资源化设计	污染治理	2014	环境保护部华南环境科学研究所（现生态环境部华南环境科学研究所）
珠三角专业镇传统产业转型升级模式及其规划策略研究——以增城市新塘镇为例	产业研究	2014	华南理工大学建筑学院、亚热带建筑科学国家重点实验室、增城市城乡规划测绘院（广州市图鉴城市规划勘测设计有限公司）

续表

合作论文	主要内容	年份	合作对象
牛仔混纺经纱免退浆特种浆料的合成及其一步法浆染工艺	产业技术	2015	华南理工大学化学与化工学院、广州市唯佳安达新材料科技有限公司
传统产业集群升级动力机制构建与分析——以增城牛仔产业集群为例	产业研究	2016	仲恺农业工程学院管理学院、武汉理工大学管理学院

（4）样本企业创新情况。本次调研获得有效问卷共 405 份，问卷受访企业主要成立于 2000 年后，其中，2000 年前成立的企业数量占 6.70%，2000—2012 年成立的企业数量所占比重达 56.41%，2012—2017 年成立的企业数量占 36.89%。受访企业主要以中小企业为主，其中员工数量在 0—50 人的企业有 191 家，51—100 人的企业有 114 家，员工数量为 100 人以下的企业数量超过总受访企业数量的 75.3%，企业主要以私营企业为主，私营企业数量超过 90%。企业既有同时兼有多种经营业务的，也有单独经营一种的，但主要以制衣为主，涉及制衣业务的企业达 313 家，占到样本总量的 77.3%；而包括研发设计的企业为 69 家，占比为 17.04%。选择部分外包的企业有 216 家，占比为 53.3%，完全外包的企业仅有 34 家，占比为 8.4%。拥有自己的商标或专利的企业有 130 家，占比达到 32.1%。新塘仍然存在"三来一补"形式的加工环节，但主要是小型企业，大多数企业进行贴牌生产，并有自己的设计部分。在 405 家企业中，设计研发环节的成本投入占利润 3%以下的企业数量占比为 24.4%，高于 5%的占 14.8%，而 37.4%的企业没有研发投入。64.3%的企业的研发人员在 10 人以下，研发人员为 10—30 人的企业数量占所有企业的 25.9%，而 30 人以上的企业仅占 9.8%。企业主要的创新内容包含产品外观更新与改进、产品制造工艺的创新、产品销售渠道与供应商的更新、信息和知识来源的创新共 4 种，其中新塘牛仔服装制造企业以产品外观更新与改进为主，即牛仔服装的款式的改进。调查结果表明，作为传统制造业的牛仔服装产业的创新性不高，创新投入低，创新人员少；创新的形式主要还是对产品外观进行更新与改造，创新的技术含量低。

5.3　集群创新网络构成

5.3.1　集群创新网络构成要素

集群创新网络的基本构成包括主体、联系、资源和边界四个要素。主体主要包括企业、大学与研究机构、政府、金融机构和中介机构等行为主体。不同的主体在集群创新网络中所起的作用不同，其中，企业是核心主体，政府是创新的重要推动者，大学与研究机构为集群创新网络提供创新资源、信息和人才，金融机构主要为集群创新网络中的主体提供资金，中介机构通常会间接参与集群创新网络的活动，是创新资源的传递者。集群创新网络中的联系是指主体间由知识与信息交换、资金和生产要素流动等活动产生的交流，包括正式联系和非正式联系两种，正式联系是基于正式合作的创新联系，非正式联系主要是建立在社会关系网络基础上的没有合同的创新联系（吕国庆等，2014a），包括企业衍生、人员流动、临时集群等形成的创新联系。资源包括物质资源、人力资源、知识与信息资源、社会资本资源（信任）等，是集群创新网络中各行为主体完成创新活动的重要媒介。集群创新网络的边界是指网络中的各主体所存在的地理范围，在此基础上，我们可将创新网络分成本地创新网络、区域创新网络和全球创新网络等多种类型。

行为主体。新塘牛仔服装产业集群创新网络中存在的主体包括牛仔服装相关企业、政府、金融机构、研究机构、商协会和中介机构。创新网络演化的过程也是行为主体不断增多的过程，每个阶段的创新网络主体都有自己的发展特征。新塘的牛仔服装相关企业涵盖了牛仔服装产业链的各个环节，包括纺织、制衣、工艺、洗漂、辅料加工、包装等；金融机构主要包括银行、中小型金融贷款机构；研究机构主要指本地的一些小型的服装研究中心，其为本地的中小型企业提供牛仔"样板"，与客户一般以会员的形式联系；中介机构主要包括新塘牛仔服装产业集群中的贸易公司，其在创新网络中起到媒介的作用；新塘商协会数量众多，目前已有新塘商会、川渝商会、湖南商会、湖北商会、江西商会、温州乐清商会、河南商会、辽宁商会、潮州商会和新塘电商协会等；在传统产业所形成的创新网络中，政府是十分重要的行为主体，政府在创新网络中起到组织、建设和维护的作用，以促进创新网络的结网、成长、成熟与更新。通常，政府会通过法律、经济和管理等手段，引导企业的发展、组织创新活动、刺激行为主体之间的合作和维护环境等，是创新网络中的一个重要主体，和几乎每个行为主体之间都建立了联系。

创新联系。创新网络中的创新联系一般包含在企业间、企业与其他行为主体之间基于生产过程联系、服务联系、销售联系、财务联系、技术联系等形成的正式联系和由特定的文化、情感而产生的长期交流、接触、沟通等所形成的非正式联系（文嫮和李小建，2003）。新塘牛仔服装产业集群创新网络中的创新联系在不同时间段的联系方式与联系强度有所差异，且本地同行企业主体间的联系以非正式联系为主，非本地同行企业主要偏向于正式联系。非正式联系对集群的创新有重要的影响（王缉慈，2001），包括企业衍生（Wenting，2008）、人才交流、临时性集群（马双等，2014）和长期合作建立在信任基础上的非正式联系（刘炜等，2013）。在创新网络的萌芽期，生产企业与国外客户之间的联系以正式联系为主，而本地企业之间的联系以非正式联系为主，这促进了企业衍生，企业衍生又加强了主体之间的非正式联系；在创新网络的结网期，随着本地企业基于生产网络的创新联系的加强，非正式联系成为促进经济合作关系的重要因素；在创新网络的成长期，企业衍生达到高潮，行业协会等组织的出现，促进了主体间非正式联系的复杂化；在创新网络的发展期，非正式联系相比较于先前出现弱化，但是在企业间仍然普遍存在。正式联系更多表现在非本地主体之间的联系，例如与国外客户之间的联系，随着企业的发展，中大型企业间的联系更多偏向于基于合同的正式联系，以减少交易风险。

创新资源。创新资源包括物质、人力、知识与信息资源等，是创新网络中各行为主体完成创新活动的重要媒介。新塘牛仔服装产业集群创新网络中的创新资源流动主要指知识、信息和技术资源的流动，如新产品改进研发过程中的知识溢出、产品销售渠道和供应商的信息流动、产品制造工艺与机械设备改进技术的传播。创新资源还包括企业通过与中介机构的交流与合作、参加展会、参与网络平台等来拓宽市场并获取的相应的市场信息等。新塘牛仔服装产业属于传统产业，且多以中小型企业为主，是典型的马歇尔式集群。在创新网络的萌芽期，创新资源主要以机械设备更新技术与管理技术学习为主；在创新网络的结网期，创新资源以新产品的研发与模仿为主，企业自主研发能力弱，大多数企业只能引进国内外的先进技术。创新网络中的各行为主体之间通过相互学习与交流，在引进、消化、吸收、利用外来技术的过程中进行改进创新，模仿创新在集群中是普遍存在的现象；在创新网络的成长期，创新资源的交流主要表现为包括国内外市场信息等的流动与交流；在创新网络的发展期，企业与研究机构、大学等主体间的合作，促进了设计研发等知识技术的创新资源的溢出。

网络边界。边界是创新网络的重要组成部分，通常，创新网络的边界具有开放性、模糊性、动态变化的特征。随着集群的不断发展，集群地理边界外部的企业逐渐被集群带来的经济效益所吸引，开始积极参与到集群的创新过程中去，促进了集群创新网络的发展。这种集群地理边界内企业与边界外企业之间形成的网络关系成了创新网络的重要组成部分。网络边界并不是一成不变的，而是动态变化的（郑展，2010），因为网络中的主体处于不断变化中，网络中的知识、技术与信息的流动也存在变化。有学者把创新网络的边界分为初级、中级和高级三个发展阶段，认为初级阶段形成"行政区域"边界，注重单一要素的创新；中级阶段形成"技术区域"边界，更多地关注于综合要素的创新；高级阶段形成"产业区域"边界，区域产业整体竞争力的创新成为关注点（易将能等，2005）。新塘牛仔服装产业集群创新网络的边界包括本地、区域与全球等多个空间尺度。在创新网络的萌芽期，政府与港商合作，新塘本地企业主要是为境外牛仔服装企业贴牌加工，即在 20 世纪 80 年代产业发展之初，新塘牛仔服装产业就直接融入了全球网络，虽处于产业链的低端环节，但也是不可或缺的组成部分；在创新网络的结网期，新塘牛仔服装产业逐渐发展了本地的创新联系网络，形成了完整的产业链及其上下游企业关系网络；在创新网络的成长期与发展期，本地企业开始逐渐与国内其他地区的纺织服装制造产业集群和市场进行交流合作，边界呈现多等级的叠加，创新联系范围广泛。在 40 多年的发展过程中，新塘牛仔服装产业集群创新网络边界包含本地、区域和全球多空间尺度，形成了具有新塘特色的多级集群创新网络体系。

5.3.2 集群创新网络的子网络

新塘牛仔服装产业集群的创新网络不同于高新技术产业集群的创新网

络，它具有传统产业特征，即由专利、合作论文所组成的创新联系较少，而突出表现在产业链联系、人员的非正式联系以及政府所打造的官产学研联系。新塘牛仔服装产业集群创新网络由创新核心网络、创新支持网络与创新环境网络三个子网络组成。

（1）创新核心网络。创新核心网络又包括横向竞争企业合作创新网络与纵向互补企业合作创新网络。其中横向竞争企业合作创新网络，以同行企业间的非正式联系网络为主。新塘牛仔服装产业集群中的同行企业合作包括新塘牛仔纺织企业之间、制衣厂（服装加工企业）之间、工艺厂之间、洗漂厂之间、辅料企业之间、包装厂之间以及具有综合性功能的企业之间的合作。在对新塘牛仔服装产业的实地调研中，我们发现，新塘牛仔服装产业集群中的同行企业之间的联系主要是建立在社会关系网络基础上的联系，表现为以血缘、亲缘、业缘及朋友等社会关系为基础的联系。这种由正式与非正式的组织和人际关系所组成的网络，是创新网络发展的重要组成部分，在共同的社会文化背景下所形成的网络关系对促进网络创新具有指导和协调的作用（蔡宁和吴结兵，2005）。社会关系网络是个体间的一种独特的联系，既可以由人、组织、团体、企业间的社交与贸易联系组成（Granovetter，1977），也可以认为是基于亲缘、血缘关系而形成的网络，是一种看不见的隐形的社会资源（Mitchell，1969）。有研究表明，社会关系网络可以在资源与信息传播中发挥作用，如在企业的新产品创新（解学梅和李成，2014）、知识的积累与交流、信任的产生与维持（吴向鹏，2003）、企业间的间接合作与降低交易费用等方面具有重要的作用。纵向互补企业合作创新网络是在产业链基础上形成的创新子网络，是创新网络中创新联系最强的部分。创新网络是生产网络的一种延伸，创新网络价值的体现需要依靠稳定的生产网络，Capello（1999）在研究中认为集群创新网络中知识流动的途径包括供应商与客户之间、本地设备制造商与使用者之间的联系以及特定生产系统内企业之间所建立的正式或非正式的合作关系等。新塘牛仔服装产业的纵向互补企业合作创新网络主要分为两个部分（图5-3）。

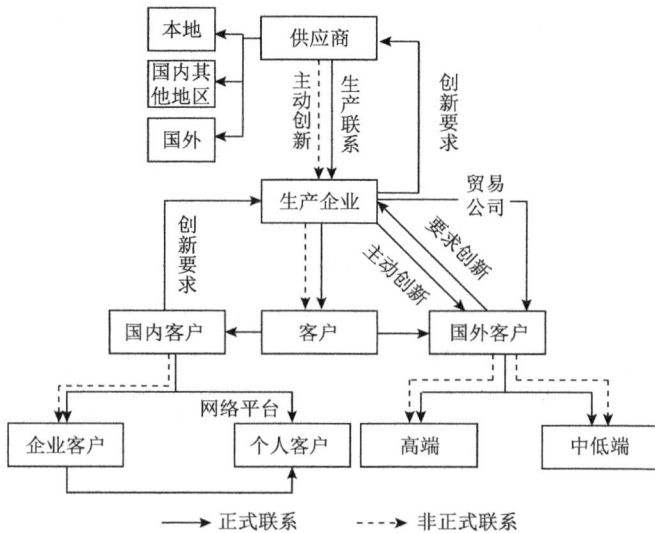

图 5-3　纵向互补企业合作创新网络中主体间的联系

　　第一部分主要是针对国内外客户建立的纵向互补企业合作创新网络。国外客户包括高端客户与中低端客户；国内客户主要分为企业客户和个人客户，其中，个人客户主要是指在牛仔服装销售环节进行实体营销或者网上销售的对象。第二部分是与供应商之间建立的纵向互补企业合作创新网络，供应商来自本地、国内其他地区以及国外。这两部分形成的创新网络主要是建立在物质联系上的，在物质联系的基础上存在知识和信息联系。对于传统的牛仔服装产业来说，创新并不一定意味着原始创新，区域内每一项新的经济活动都可以视为"创新"，如模仿创新。通常，一种新的技术或者工艺，都是首先通过引进，然后进行"反求工程"式的改造或改良，以获得产品工艺或者技术上的创新。新塘牛仔服装制造企业通过与国内外企业客户之间的交流与合作，不断学习和模仿客户提供的牛仔服装"样板"，进行吸收、消化并改进，形成自己的创新。近些年来，人性化定制的热潮也影响了牛仔服装的发展，在电子商务平台上，牛仔服装制造企业也会接收个人客户的要求与反馈，对产品的样式进行改进，以达到创新产品的要求。企业与供应商之间的合作与交流主要体现在分工合作上，形成了以物质联系为主的专业化分工与合作。在这个过程中首先是牛仔服装制造商向供应商提出要求，供应商在此基础上进行技术的创新，以达到牛仔服装制造商的要求。部分供应商也会主动为牛仔服装制造商提供新的技术或方法，以获得更多的合作机会和更大的利润，同时也有利于长期合作，建立相互信任的合作关系。

在新塘，牛仔服装制造企业的纵向互补企业合作创新网络类型分为三种（图 5-4），第一种是由国外客户主导的单线型，这类创新网络中的企业的顾客对象主要来自国外，包括欧美、中东、非洲等不同的销售市场，企业与客户之间有直接的合作关系，也有通过中介公司与国外客户形成的间接联系。第二种是以国内客户为主导的单线型，分为直接销售给营销企业、通过电商平台直接售卖给消费者两种。第三种是指国内外客户兼顾的多线型，这类创新网络中的企业既有国外客户也有国内客户，共同组成了一个较复杂的纵向互补企业合作创新网络。

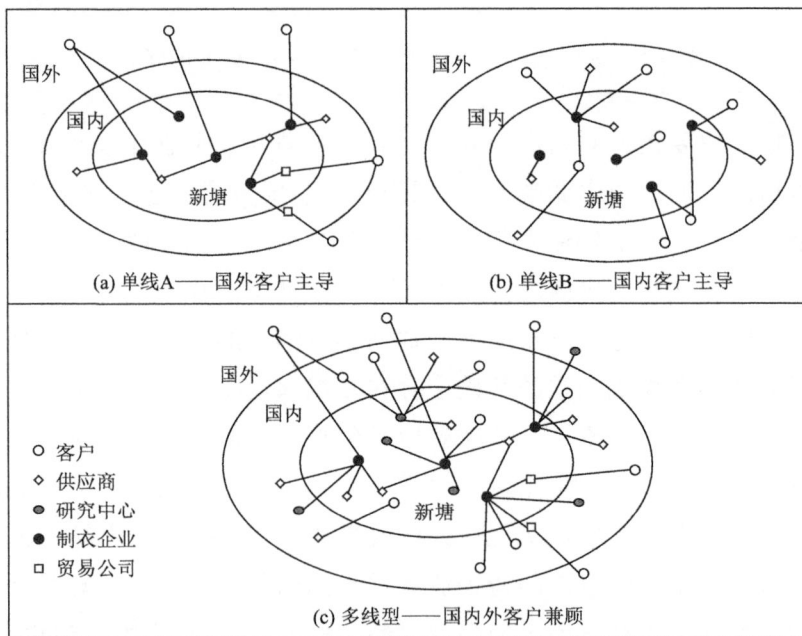

图 5-4　新塘牛仔服装制造企业的客户网络类型

（2）创新支持网络。新塘牛仔服装产业集群创新支持网络以官产学研形成的网络最为显著。创新支持网络主要是指在市场机制的引导下，由企业、大学与研究机构、金融机构、中介机构以及协会等公共服务机构等行为主体之间的合作与协调所形成的网络，其中由企业、政府、大学及研究机构构成的创新网络表现尤为突出。政府是创新的组织和引导者，通过政策、资金的引导，维持产学研合作的持续运行。政府与非政府组织在研发合作、技术指导等方面起着协调与促进作用，非政府组织包括行业协会等。在新塘牛仔服装产业的发展过程中，官产学研之间的创新联系主要表现在制度环境的建立、主体之间的关系协调、对牛仔服装产业发展过程中带来的污染处理与环境保护、染整或洗水工艺的提升、牛仔服装款式的设计等方面。

（3）创新环境网络。新塘牛仔服装产业集群创新环境网络是由政策法规、文化背景以及市场所组成的外围环境网络。在创新网络的形成与发展过程中，政策法规、文化背景以及市场的变化对其有重要的影响作用。影响创新网络的政策因子包括产权制度、激励约束机制、调控手段等创新政策制定、系统管治等（符文颖等，2013）。在新塘牛仔服装产业的产生与发展历史中，本地居民与华侨之间的文化情感联系，促进了早期牛仔服装制造企业的创办；本地相同的历史文化氛围与情感，促进了本地社会关系网络的形成；国家与地方政策的颁布、国内外市场的变化对新塘牛仔服装产业集群创新网络不断发展演进具有重要的促进作用。创新环境网络是创新网络的重要组成部分，是孕育创新主体的平台。

5.4　集群创新核心网络结构演化

5.4.1　创新核心网络结构特征

5.4.1.1　横向竞争企业合作创新网络

新塘牛仔服装产业集群横向竞争企业之间的合作主要源于社会关系网络，既包括发生在市场交易或知识、技术等创造过程中的正式合作关系，也包括在共同的社会化背景和共同信任的基础上形成的非正式关系。集群企业之间形成的基于正式合同的创新联系的主要形式包括战略联盟、合资、技术授权等（Wang and Nicholas，2007），没有正式合同的创新联系包括企业衍生、人员流动等形成的创新联系（Bunnell and Coe，2001）。在新塘牛仔服装产业集群中，企业衍生与人员流动对创新网络的演化起到了重要的作用。企业衍生是创新网络演化的重要动力，是技术本地化扩散的重要渠道，是产业集群内部企业数量增长的主要原因（吕国庆等，2014b），也是影响产业空间集聚的重要机制。

1980年以前，新塘镇产业以农业为主，是种植农作物与亚热带水果的农业镇，新塘农业以高产优质闻名，农业特产包括荔枝（南安雪怀子）、东洲洋桃、田心马蹄、西洲香蕉等。由于农业经济发达，新塘镇的老百姓几百年来主要从事耕作业，民风淳朴，互帮互助，本地居民之间建立了良好的社会关系网络，且与华人华侨之间的情感纽带，促进了改革开放时期的经济与文化的交流。1978年改革开放之后，广东省由于毗邻香港的地缘优势而成为内地20世纪80年代经济发展的排头兵，特别是在深圳成为经济特区后，新塘镇因其极好的区位条件，获得了工业上的快速发展机遇。

（1）萌芽期：少量主体间的弱创新联系。1980年开始，在国内外开放政策、地缘和区域综合因素的影响下，新塘在政府与港商的共同关注下，开始陆续建立牛仔服装企业，为新塘牛仔服装产业的发展奠定了基础。1980年，新塘镇镇属企业与香港商人黄林合办新塘镇制衣厂，该厂成为新塘第一家牛仔服装生产企业。1982年，新塘镇大敦村办起第一家村办"三来一补"企业和牛仔服装制造企业。同年，港商与新塘镇企业办公室合办金冠制衣厂。这几家企业的创办，奠定了新塘牛仔服装产业发展的基础，也为新塘开创了引进港资、先进设备和先进管理方法的先河。1988年，为提高牛仔的生产效率，金冠制衣厂引进400多台先进设备，积极改进生产技术、培养人才、更新管理方式。这些新塘最早成立的牛仔服装制造企业，通过培养大量的专业人才、建立良好的管理模式而为该区域做出重要贡献，这些专业人才在离开大企业后，会创立新的企业（衍生企业），或者复制良好的管理模式和技术，运用在之后的工作中，从而促进了当地创新网络的形成（池仁勇，2005）。在20世纪80年代的新塘，由几家原始制衣厂而衍生的企业开始出现，特别是金冠制衣厂，它在培养人才、改进生产技术与管理方面增加了投入力度，这一方面提高了生产效率，另一方面，为企业衍生奠定了人才培养的基础，由此涌现了一批衍生企业。从1984年后，新塘私人创办的制衣厂数量不断增加，企业家的社会关系网络开始建立，这种关系网络主要建立在血缘、亲缘上，共同的历史文化背景促进了企业家对制衣厂相关信息、技术、管理经验与知识的交流。如在新塘镇的大敦村，涌现了许多家庭式作坊，这些家庭式作坊的创立，大多是基于社会关系网络的。但同时，这种以血缘、朋友、地缘、同学等私人关系维系的关系也是限制企业集群持续发展的因素。因为在这种关系下形成的网络，处于一种非常松散的状态，网络关系不稳定，企业竞争激烈（朱海就等，2004）。在企业集群形成初期，社会关系网络一方面能促进创新，另一方面也可能导致"区域锁定"，阻碍企业集群的持续发展（蔡宁等，2003）。在 1980—1990 年，从一开始的几家制衣加工企业，发展到 1987 年的 100 多家牛仔服装制造企业。此时的企业家以新塘本地人为主，这些企业家主要分为两类，一类是原先在制衣厂工作的本地人，在掌握了管理经验和技术后，开始自己创办制衣企业。另一类是生活在新塘本地的居民，受到身边亲戚朋友的影响，开始关注牛仔服装加工制造，随后也开始建立自己的加工厂。因此，本阶段的企业数量的增长主要是因为本地企业家的快速增加。

萌芽期的企业数量增加的原因主要是本地企业的衍生，成功的惯例不断地从母企业被复制到子企业，再扩散到新的子企业，最终成为区域内的主导。当衍生达到一定程度后，区域内的企业数量增多，这在一定程度上促进了相关的中介机构的出现，促进了集群创新网络节点的进一步完善（李永周等，2012），集聚效应开始出现。20 世纪 80 年代的新塘牛仔服装加工业主要集中在大敦村与久裕村，企业和相关组织在地理邻近条件下紧密互动、竞争与合作。在互动过程中，较早发展和具有较多社会关系的企业凭借先发优势建立了自身的网络关系，依靠较强的知识吸收能力，在网络中逐渐占据核心地位（Orsenigo et al.，1997）。

（2）结网期：主体间联系原因复杂化。20 世纪 90 年代开始，新塘牛仔服装产业的发展出现了新的契机，市场需要带动了新塘牛仔服装产业的大发展：一方面，国际订单的增加促进了新塘牛仔制衣厂的发展；另一方面，随着制衣厂的大量增加，本地的劳动力已经不能满足制衣厂的生产需求。这段时间，来自四川、江西、湖南、湖北等地的大量务工人员开始进入新塘，参与牛仔服装制造加工。从 405 份有效问卷的调查结果来看，企业家的籍贯涉及广东、湖南、江西等 17 个省（特别行政区），其中以广东省、四川省与湖北省占比最大，分别为 34.00%、18.67% 与 16.00%。在访谈中我们也了解到，这些外地的企业家大多数是在 20 世纪 90 年代来新塘务工的，通过在制衣厂或洗水厂工作，学到了一些技术与经验，在后来的发展过程中，逐渐创立了自己的企业。外地劳动力的不断加入，促进了社会关系创新网络的发展。企业家在本地的流动、企业衍生和企业网络中的人员流动是集群学习的重要机制。这种流动既存在于纵向产业链上的企业与供应商、客户之间，也存在于企业与公共服务机构、集群代理机构之间（Keeble et al.，1999）。在原有的社会关系网络的基础上，外地劳动力通过工作与本地的企业员工及企业家建立的联系也促进了本地员工的流动。同时，在同乡的基础上建立的属于本省的"团体"，为未来大量的外地企业家的出现与该省商会的形成奠定了基础。这些劳动力很多都是在同乡的介绍下来到新塘进入制衣厂工作的。部分有创新意识的外地劳动者，在学习了相关的经验与技术后，开始自己设厂，模仿自己母企业的生产经营模式。外地劳动力数量的不断增加，也加快了劳动力的流动，间接促进了本地企业的员工之间的交流与企业间知识信息的溢出。此段时间，中大型企业数量的增加加快了企业衍生速度，企业数量继续增长。在制衣厂的数量上，1993 年新塘制衣厂数量达 500 多家，成为珠江三角洲地区最大的牛仔服装生产基地；1990—2000 年，是新塘牛仔服装产业发展最快的时期。在企业性质方面，出现了从与港商合作的"三来一补"到"中外合资"，从集体与外资合资合作到私人与外商合资合作的转变。随后，农村中的私营牛仔服装企业大量出现，使得新塘牛仔服装产业形成了私营投资为主，外商（包括外地人）投资为辅的投资局面。很多企业开始有自己的商标，开始做自己的品牌。设备方面也跟进国内外先进的技术标准。在这个时期，涌现了大量的规模较大的服装企业，包括增城市新塘镇乐华制衣厂、增致牛仔服饰有限公司、广州增城市广英服装有限公司、广州市创兴服装集团有限公司等；纺织企业有广州康辉纺织服装有限公司、增城市新塘东海纺织有限公司、广州柏迪纺织有限公司等。新塘牛仔服装产业的迅速发展，使新塘成了中国最大的牛仔服装生产基地。20 世纪末，新塘镇有牛仔服装相关企业 1393 家，牛仔服装产值达 78 亿元，占增城工业产值的 24%、外贸出口额的 60%。此时，大敦村的牛仔服装制造企业也获得很大的发展，全村有牛仔服装制造及其相关企业约 400 家，有 80% 的村民从事牛仔服装行业。

（3）成长期：企业衍生促进联系网络扩大。2000—2012 年，新塘牛仔服装企业数量达到最高值，到 2011 年底，新塘牛仔服装企业达到 1 万家左右，从业人员达 70 万人左右。从有效问卷的统计结果来看，在 66% 的非本地企业家中，超过 40% 的企业家是在 2000—2012 年创办的牛仔服装企业。本阶段创新网络的突出表现为，大量的衍生企业由 20 世纪 90 年代的外来务工人员创办，这些外地员工在先前所获得的经验、技术与关系网络的基础上，集资创办了自己的企业。在此期间还形成了不同地区的商会组织，以维护企业的权益。商会组织会针对牛仔服装产业的发展趋势与遇到的困境，组织会员企业进行沟通与交流，建立在这种业缘和地缘基础上的社会关系网络在新塘表现明显。

（4）发展期：大量主体间的弱联系网络。2012—2017 年，横向竞争企业之间的社会关系创新网络继续稳定发展，特别是在 21 世纪初，行业协会的创办也巩固了新塘本地的社会关系创新网络。但本地企业与国外企业的合作是否也形成了在长期合作所形成的信任的基础上的关系创新网络呢？综合国内外市场情况与创新网络关系，以海外市场订单为主的牛仔服装企业认为与国外客户或供应商之间的正式关系比私人关系更重要，特别是欧美国家的中高端市场，以牛仔服装的质量取胜，质量高则竞争优势大；而中东与非洲等市场，则以价格优势取胜。以国内订单为主的企业则认为与国内客户及供应商的正式关系与私人关系同等重要，建立在社会关系网络上的生意更具有信任度。近年来，随着牛仔服装市场的萎缩，出现了很多的"跑单"现象，这也加重了牛仔服装产业的"信任危机"，因此企业在交易过程中，更加注重交易的成功率。多数企业认为要紧紧抓住信息技术发展的机遇，利用信息技术促进牛仔服装产业的创新发展，同时还需要政府的大力支持，希望政府能提高服务效率，同时多采取优惠与扶持政策，帮助牛仔服装产业转型升级，走上创新发展的道路。一直以来，新塘牛仔服装同行企业之间的创新联系表现较弱，但是同行企业之间的创新联系对企业的创新发展具有重要的作用。同行企业之间的合作可以促进知识溢出与扩散，24.39% 的企业认为同行之间的交流可以促进牛仔服装产品的质量提升，说明同行企业之间的交流存在一些知识、技术工艺方面的内容。22.56% 的企业认为同行企业之间的合作可以降低成本与风险，因为企业的发展历程具有相似性，这样的合作可减少交流阻碍。20.73% 的企业认为同行企业之间的合作可以共同开拓市场，16.46% 的企业认为同行企业之间的交流是增加信息渠道的重要方法。15.85% 的企业认为同行企业之间的合作可以提高专业化程度，促进企业之间的分工协作。但是目前，新塘牛仔服装同行企业之间的合作仍然以血缘、亲缘、业缘等形式的社会关系网络为主。通过调研发现，在样本企业当中，主要以企业邻近关系为主，这里的邻近主要指新塘本地企业，而以家族与亲戚关系为辅。其中，有 35.71%的企业认为企业间的邻近关系会更加促进企业之间的合作，但这些合作更多表现在基于生产的联系，创新合作联系较少，24.49%的企业基于家族或亲戚朋友的联系较多。本地行业协会所组织的会议交流仅仅局限于行业协会的成员之间的联系，而对于非会员的企业这种联系相对较少。政府组织的会议也有类似的情况，主要以中大型的牛仔服装企业为主，而绝大多数的中小企业则缺少这样的机会。20.41%的企业基于高层管理者之间的私人关系建立了联系，企业普遍认为这种联系是企业间交流方式中最重要的，能减少企业走弯路。大多数企业对同行企业之间的合作持乐观的态度。但是目前新塘牛仔服装制造同行企业之间的联系太少，大部分同行企业之间处于零交流状态。

5.4.1.2　纵向互补企业合作创新网络

新塘牛仔服装产业纵向互补企业合作创新网络主要是由牛仔服装产业的上下游企业构成。目前，新塘牛仔服装产业已由 20 世纪 80 年代的只有制衣加工企业做"三来一补"，发展到牛仔服装生产及相关配套企业 5000 家，拥有纺纱、染色、织布、工艺、制衣、洗水、漂染、防缩等完善的产业链条，是目前全国牛仔服装产业链最完善、年产量最大、产品系列档次最齐全、贴牌生产以及出口量最大的牛仔服装集群基地，其企业数量、从业人数、服装年产量都位于全国同行业首位。新塘牛仔服装产业的客户网络范围广，在境内市场，有一半以上的牛仔服装出自新塘，境外市场主要销往俄罗斯、美国、欧盟、南非、韩国以及中国香港等几十个国家或地区，涵盖六大洲。

（1）萌芽期：境外客户主导的纵向创新网络。牛仔服装产业纵向互补企业合作创新网络主要表现为基于产业链的上下游企业之间的联系。在 1980 年以前，新塘纵向互补企业合作创新网络尚未形成。新塘牛仔服装产业的发展最早源于新塘政府、企业家与香港商人的合作，这使得新塘牛仔服装产业在发展的最初阶段就走向国际化，成为全球生产链的重要组成部分。在 1980—1990 年的早期阶段，新塘牛仔服装企业主要是与港商进行直接交易，或者通过港商、香港的中介机构与境外客户保持纵向交易合作的关系。到20世纪 80 年代后期，逐渐出现新塘本地的企业家直接与境外客户进行联系交易。80 年代的新塘牛仔服装企业大多是以"三来一补"的形式进行简单的牛仔服装加工，不参与任何的研发设计。但是在与客户的交流过程中，也逐渐了解了牛仔服装产业相关的生产流程、所需要的技术设备，在交易中逐渐积累了客户资源，开始逐步引进先进设备，逐渐形成网络。这一时期，新塘本地有关于牛仔服装制造的产业链还不完善，企业生产效率较低。创新网络中的主体主要是制衣企业与洗水企业，与新塘本地供应商的联系极少。

（2）结网期：本地主体涌现的纵向创新网络。1990—2000 年，随着新塘牛仔服装生产加工企业的发展吸引了纺织、机械与辅料加工等配套产业的集聚，新塘逐渐发展成为全国产业链最完善、产品系列档次最齐全、贴牌生产以及出口最大的牛仔服装集群基地。在经营形式方面，从最初的"来料加工""来样加工"的家庭作坊式生产、以制衣为主，发展到集采购、设计、生产、销售分工精细的大型服装公司，产业链发展齐全，包括纺织、织布、染整、制衣、制线、绣花、印花、洗漂等，涉及纺织、面辅料生产、服装设计、服装加工与服装商贸多方面的环节，从纺织织布到销售都能在新塘本地完成。产业链的完整也促进了新塘本地企业间的交易合作，增加了本地企业间基于产业链的上下游的合作网络。通常，制衣厂获得国内外的订单，会在新塘找到自己所需要的布料企业与辅料企业，然后进行加工生产，产业链的完善也缩减了加工工期，使得新塘本地的企业获得了竞争优势，进而促进了订单量的增加。

（3）成长期：国内主体扩展的纵向创新网络。20 世纪 90 年代，新塘牛仔产业集群的纵向互补企业合作创新网络获得稳定的发展。到 21 世纪，纵向互补企业合作创新网络出现了新的发展，大批的牛仔服装企业将销售市场转向国内，使得本地企业与国内客户的联系增多。在 2000—2012 年的 12 年间，纵向互补企业合作创新网络在 20 世纪 90 年代的基础上出现了新的变化与发展。2001 年，中国加入了世界贸易组织，东南亚、东欧、拉丁美洲的客商到新塘的数量增多，促进了牛仔服装产业的发展，继续扩大了本地企业与国外客户企业之间的交易合作。到 2008 年前后，由于国际金融危机的影响，全球销售市场疲软，新塘本地多数牛仔服装企业开始将销售市场转向国内，从而促进了其与国内客户之间的交易网络的形成与发展。本阶段的纵向互补企业合作网络更加复杂，同时网络的多空间联系增强，新塘本地牛仔服装制造企业交易合作网络出现了三种情况，第一种是继续只做国外订单，第二种是只做国内订单，第三种是兼顾国内和国外市场。

（4）发展期：创新联系深化的纵向创新网络。随着信息网络技术的发展，新塘牛仔服装的销售方式也出现了转变。2013 年起，陆续有很多商家或企业关注并从事电子商务贸易，出现了约 2 万家网络销售型商家。2015 年，新塘共有 9 个淘宝村，网上销售掀起热潮。这一时期新塘牛仔服装产业对互联网的运用主要体现在三个方面（蔡宁和吴结兵，2006）：首先是企业门户网站的开发与运用。其次是企业的电子商务兴起，即企业对企业电子商务（B2B）和企业对顾客电子商务（B2C），其中 B2B 包括新塘 17 网、网上牛仔城和 1688 网；B2C 包括天猫、淘宝和京东等电子商务网站。最后是部分企业开始建立企业内部信息系统，如物料管理系统和会员管理系统等。从调查问卷的分析结果可以看出，客户对于多数牛仔服装制造企业来说至关重要，在对企业创新信息来源的渠道的回答中，接近半数（45.47%）企业的创新源自客户的要求，有一些企业直接从客户方获取新的牛仔服装产品款式，然后进行制造加工；也有一些企业接收客户的要求，并在此基础上自己研发设计款式。调研中发现通过网络平台进行模仿学习的企业占到 10.9%，这说明电子销售一方面增加了企业的销售量，另一方面也是一个重要的创新信息获取渠道。企业自主研发获得的创新仅占 17.52%，远不及通过客户获取的比重，这说明新塘牛仔服装制造企业的自主创新能力不足，大部分企业还是以生产加工为主。电子商务的出现，增加了牛仔服装制造企业之间的纵向互补合作，不仅连接了牛仔服装的供应商与采购商，还增加了与仓储、物流、金融和摄影等企业之间的合作，进一步增加了牛仔服装制造企业纵向合作的多样性和复杂性。

5.4.2　创新核心网络演化过程

创新核心网络主要是由牛仔服装相关企业之间的正式与非正式联系构成，创新核心网络包括横向竞争企业合作创新网络与纵向互补企业合作创新网络，前者在新塘牛仔服装产业集群中主要表现为在社会关系网络的基础上形成的合作，后者主要是指在产业链上的与供应商和客户之间的正式与非正式联系。本小节主要运用演化经济地理学中的广义达尔文主义中的"选择"、"遗传"与"新奇"三个概念，来分析创新核心网络的结构调整、结构保持与结构变化。

（1）企业经营模式与企业关系的选择。20 世纪 80 年代初，在改革开放的浪潮中，新塘出现了牛仔服装制造加工企业，新塘也由原先的农业镇转变为以牛仔服装产业为主的工业镇。由于牛仔服装产业属于传统的劳动密集型产业，进入门槛低，技术含量低，该产业在 20 世纪 80 年代容易被新塘本地企业接受，被当地的环境所选择后，顺利发展起来。20 世纪 80 年代成立的企业主要是依靠境外牛仔服装制造加工的大订单发展起来的，一开始是镇办企业与港商合作，由港商提供订单与原料，新塘本地企业提供工厂与劳动力进行加工。到 80 年代晚期，这种成功的企业合作模式变成由私人与港商进行合作办厂，本地的企业家开始模仿这种企业的运行方式。到了 20 世纪 90 年代，这种成功的企业运行模式在原有的规模上继续扩大。21 世纪初，在市场环境的影响下，部分企业开始将目标市场从境外转向境内，刺激了销售，因此这种主要针对境内市场的成功企业被选择，继而出现大量的以境内销售市场为主的企业。2012 年后，电子商务出现，这种销售模式也逐渐被选择，新塘出现了牛仔城等网络销售集聚点，很多牛仔服装制造企业也开始涉及电子商务领域。企业合作关系的选择受到企业的发展阶段、企业位置与社会关系网络的影响。新塘牛仔服装企业在 20 世纪 80 年代的企业合作关系，主要是建立在本地的社会网络关系的基础上，"信任"和"相似性"是企业合作关系形成的基础，这种社会网络关系包括血缘、亲缘、业缘、地缘和学缘等。在这期间，牛仔服装企业之间基于共同的地域或者社会关系形成的联系比比皆是，存在大量的家庭式作坊，主要以夫妻两人共同经营。这种具有相同的价值观念、社会习俗和行为方式的社会关系网络，有利于促进创新网络中的各行为主体之间的联系，增加企业间的合作和交流，促进知识和技术的流动。20 世纪 90 年代，在现有完善的产业链的基础上，企业间的合作关系呈现纵向延伸，本地制造加工企业与供应商之间的联系紧密。21 世纪后，横向竞争企业合作关系与纵向互补企业合作关系继续发展与增强。这些合作关系呈现多空间尺度，既包括本地企业之间的合作关系，也包括国内外的企业的合作关系。

（2）企业衍生促进企业惯例的遗传。惯例是演化的轨道，通过企业衍生实现，当企业发生衍生时，惯例由母企业传递到子企业。当成功的企业被选择后，成功企业的惯例就通过企业衍生的方式进行遗传。演化经济地理学认为企业衍生是知识、信息、技术传播与交流的有效途径，为产业集群内的创新提供充足的动力（Capello，1999），是产业空间演化的主要动力，是本地产业内部企业数量、规模扩张的重要途径。企业衍生是指员工利用从原企业学习到的管理、技术知识和市场信息创办新企业的过程（Klepper，2001），是一种惯例的遗传。衍生企业继承了母企业的组织惯例，模仿母企业的经营模式，将母企业的技术与管理经验运用在自己的企业中，以减少经营风险。企业越多，产生衍生企业的可能性就越大。衍生企业与母企业在地理距离上的接近可以保证知识、信息的获取与交流，便于企业间面对面的正式与非正式的信息交流，有利于隐性知识从母企业向衍生企业传播和扩散（Helfat and Lieberman，2002），减少知识与信息的搜索和交易成本。特别在传统产业集群创新网络的发展过程中，由于衍生企业更倾向于进入与母企业相同或相关的领域，这些隐性知识对于衍生企业技术和能力的发展起到积极的促进作用。社会关系网络会促进企业间信任的建立，因为地理邻近性，集群中的企业及其相关机构之间存在相同的文化背景，这样也促使企业的发展路径、产业的行为准则具有一定的相似性，企业间基于相似性和共同的文化背景，容易培养信任关系，从而减少了不确定性。企业衍生分为三种情况，一是原企业员工离开企业后创立的新企业；二是在母企业创立之初，由创始人分离出来而创立的新企业；三是由大学或者研究机构人员新创办的企业。在新塘，牛仔服装企业衍生是产业空间与创新网络演化的主要动力。

牛仔服装产业集群创新核心网络的遗传主要表现在企业衍生过程中。当牛仔服装产业出现以后，企业衍生就成为企业数量增加的一个重要因素。20世纪80年代，在产业发展的早期阶段，由于技术、市场的不确定性，牛仔服装制造企业的建立会更倾向于依赖亲缘、血缘等强人际关系网络以获得创业资源和机会，这种方式有利于降低企业进入门槛，使企业易于获得金融资本与人力资本，推动企业沿着社会网络关系衍生（许琳和沈静，2017）。此时的企业衍生主要是在最早成立的企业中工作的员工，在原有母企业学习到相关的技术、工艺，积累了一些关系与资源后，在本地社会关系网络的基础上，模仿原有企业的惯例，为国外客户做订单加工。这个阶段新塘的衍生企业大部分是以家庭式作坊为主，规模小，承担风险性低，门槛低，企业数量增加迅速，这些小型的企业集聚在大敦村，为产业集群的出现奠定了基础，本地的社会关系网络开始增强。20 世纪 90 年代开始，在国际牛仔服装市场需求迅速增加和新塘牛仔服装企业对材料需求逐渐增加的背景下，企业衍生不仅仅是复制母企业的惯例，完全模仿母企业的生产方法与产品，而开始出现为母企业提供配套产品的衍生企业。这类企业衍生是建立在社会关系网络基础上的，生产配套产品的企业更容易获得订单的支持，继而获得发展。20 世纪 90 年代，新塘牛仔服装产业的产业链齐全，除了不能生产棉花外，所有的牛仔服装生产工序与材料都可以在新塘本地完成和获取，上下游企业的联系网络开始出现。21 世纪初，原有企业在不断发展积累中扩大规模，带来了企业衍生的高潮，相比较于先前的企业衍生，本阶段的企业衍生速度更快，非本地企业家的比重增加，这些企业家大多是早期为新塘本地牛仔服装制造企业工作的员工，他们将企业创办在母企业附近，以便更快速地获得订单、市场信息、创新技术等。2012 年，新塘牛仔服装产业集群的企业数量达到最高峰，超过 1 万家相关企业集聚在新塘。自此以后，相关企业数量衍生速度开始放缓，总体数量也开始下降。但是从 2012 年起，通过电子商务进行销售的企业大量增加，这也是受到了企业衍生的影响，大量的商家开始模仿遗传这种新型的服装销售模式，以获得新的发展路径。

　　长期的企业惯例也会导致企业发展的固化，企业容易陷入低效率的闭锁状态，如果不积极转变发展模式，企业最终会走向失败。在新塘，企业惯例的固化主要表现为企业以境外大订单为主，生产缺乏灵活性。20 世纪 80 年代，由于国际市场对牛仔服装的需求量大，促进了新塘牛仔服装产业的发展。从 20 世纪 80 年代到 21 世纪初，在境外市场持续扩大的背景下，新塘本地企业不断衍生集聚，通过模仿成功企业的惯例以减少风险成本，其主要的发展路径为承接境外大批量、利润低的订单后进行加工制造。企业以"薄利多销"的状态维持利润，大批量的订单通过规模效应减少相应的成本，大量的牛仔服装企业以这种方式存在。2005 年开始，国际市场发生变化，订单逐渐减少，许多以这种发展路径发展的牛仔服装企业倒闭，部分企业开始将市场由境外转向境内，继续以承接大批量的订单经营。2010 年后，随着信息技术的不断发展，电子商务成为一种新的销售方式，但网络销售通常以小批量订单为主，且对个性化要求较高，这与传统的大批量订单、大规模生产方式不同。针对这种情况，很多新塘牛仔服装制造企业不愿接受这种订单，但随着市场的萎缩和对创新要求的不断提高，大批量订单越来越少，势必会导致企业的利润下降与难以维持发展。这种大批量牛仔服装生产的模式在新时期缺乏灵活性，难以及时改变，导致企业发展出现固化现象。

（3）新奇促进网络结构的变化与适应。创新促进了核心网络的结构变化。创新核心网络的创新主要表现在三个方面。第一，在品牌创新方面，从 1989 年第一个商标申请，到 2013 年达到商标申请最大值 253 个，是新塘牛仔服装品牌培育，寻求创新的过程。2005 年开始，企业申请专利成功，成为新塘牛仔服装品牌发展与知识产权保护的重要开端，这些创新行为，拓展了企业的销售市场，使得部分企业开始朝价值链的高端发展，逐渐摆脱"简单加工"的模式，形成集设计、制造与销售于一体的新的发展模式。第二，在机械设备的更新方面，从 20 世纪 80 年代金冠制衣厂引进国外先进的机械设备进行牛仔服装的制造加工开始，引进国外先进的机械设备一直是企业更新技术的重要方式。特别是在中大型牛仔服装制造企业，先进的机械设备是产品质量的重要保障。新塘小型企业的设备主要是来自本地与国内其他地区。新塘牛仔服装产业的技术设备创新分为两种联系网络，一种是与国外的设备设计公司或设备销售公司的联系，另一种是与本地和国内其他地区的设备设计公司或设备销售公司的联系。第三，在销售市场创新方面，新塘牛仔服装企业的销售市场经历了境外、境内和网上销售等多种改变，这都是企业在应对市场变化情况下的积极调整与创新。只有创新才能保持企业合作网络结构的稳定，促进创新核心网络与其他网络之间的合作与共同发展。第四，在牛仔服装工艺创新方面，一些本地的牛仔服装企业积极调整企业发展模式，依托本地的资源，实现牛仔服装的边缘加工，走新型的牛仔服装工艺加工道路。这些企业惯例的创新，会影响创新核心网络的发展方向，促进集群创新网络的发展。首先，拥有品牌意味着本地企业可以与欧美等高端牛仔服装市场的企业进行联系与交流，促进知识与技术的溢出，进而了解与把握欧美高端市场的发展趋势。其次，牛仔服装制造企业从简单的制造加工环节向拥有采购、设计和生产的多个环节转变，延长了产业链，提高了产品的附加值，改变了新塘牛仔服装产业的传统生产路径。最后，技术与品牌的创新，也促进了本地企业之间的联系，新的设备与生产技术、牛仔服装的款式，会要求上下游的企业提供相应配套的材料、技术及设备，横向竞争企业之间也会增加了解与交流，拉动本地创新网络的知识溢出。

5.5　集群创新支持网络结构演化

5.5.1　创新支持网络结构特征

创新支持网络是由大学与研究机构、金融机构、中介机构以及协会等公共服务机构等行为主体之间的合作与协调所形成的网络，也包括这些主体与创新核心网络之间的合作联系。

（1）萌芽期：政府参与企业合作。新塘牛仔服装产业的发展源于政府与港商之间的合作。1980 年，由港商黄林与政府合作，开办了第一家"三来一补"的新塘镇制衣厂，拉开了新塘牛仔服装产业的发展序幕。1982 年，镇政府与港商黄国雄合办金冠制衣厂，成为新塘牛仔服装产业发展的先驱，为企业的衍生、产业集群的形成与本地产业发展方向的确立奠定了基础。这个阶段的政府与港商的合作主要是以镇办企业为主，由港商提供原材料并承接订单的形式进行。政府的支持对早期的牛仔服装制造企业的创办与发展起到了重要作用。20 世纪 80 年代后期，在政府的规划下，促进了一批企业的成立。1984 年在大敦村出现了私人合股兴办的制衣厂，标志着私营企业开始进入。

（2）结网期：政府主体角色转变。20 世纪 90 年代，随着牛仔服装产业的不断发展，镇办企业逐渐减少，而开始以私营企业、外商企业为主，该时期政府与企业的关系主要表现为政府逐渐成为产业发展的支持者与保护者。在新塘牛仔服装产业快速发展的同时，牛仔洗漂污染问题也得到镇政府的重视，在此期间，大敦村集资兴建了广东省第一个村级的污染处理厂，加大对污染的整治力度。20 世纪 90 年代后期，政府开始针对牛仔制造带来的污染进行处理，整治污染严重的企业，开始重视环境的保护。

（3）成长期：创新支持网络主体涌现。进入 21 世纪初，新塘牛仔服装产业集群创新网络的支持网络得到进一步的发展与强化，创新支持网络的主体包括政府及相关组织、行业协会、研究机构与大学。在 2000—2012 年，新塘牛仔服装产业集群的创新支持网络逐渐完善。企业、政府、行业协会的创新联系增强，个别企业开始积极寻求与大学或者研究机构的合作，但是联系较弱，这个阶段的创新支持网络以政府、企业与行业协会形成的创新联系为主。

2000 年左右，新塘出现了广州市增城区私营企业协会新塘分会，该分会主要负责商会的一些相关事宜。2006 年 9 月 8 日，新塘商会成立，成为民营企业与政府及职能部门的纽带桥梁，该商会服务于商会会员，代表和维护会员的合法权利。新塘商会由会员企业组成，其主要服务包括为企业提供援助，与金融机构协调，为企业制定标准，组织考察国内外市场，组织企业参加展会、研讨会，等等。新塘商会在与政府及其相关机构的联系上，主要是反映企业的意见要求，支持政策的颁布并协调企业与政府的关系。目前商会（行业协会）有新塘商会、川渝商会、湖南商会、湖北商会、江西商会、温州乐清商会、河南商会、辽宁商会、潮州商会和广州市增城区新塘电商协会共 10 个分商会。为扩大新塘牛仔服装的知名度与市场，新塘牛仔服装企业开始在政府和商会的引导下，积极主办、参与国内外的各种展会。例如，2002 年增城市政府、新塘镇政府在新塘牛仔城举办了首届新塘国际牛仔服装节（以下简称牛仔节），2003 年举办了"首届中国新塘纺织机械展销会"，2008 年举办了"中国广州（新塘）国际牛仔服装节暨首届中国新塘牛仔形象大使大赛"，2010 年举办了经贸洽谈会。企业在政府与商会的协助下参加国内外的展会，既增加了订单，带来经济收益，又提高了新塘牛仔服装制造的知名度，获得了市场信息以及同行的发展方向，促进了牛仔服装产业的创新发展。同时，各项展会的举办有利于信息传递、企业结网和促进新思想的产生。新塘牛仔服装企业通过展会有效地冲破了关系网络的地域障碍，增加了集群外知识的获取，展会所形成的临时性集群也是产业集群关系的一种有益补充。

牛仔节是新塘牛仔服装产业发展过程中的产物，是具有新塘特色的产业节，自 2002 年第一届举办以来，持续至今，成为不可缺少的牛仔盛会。牛仔节紧跟牛仔服装产业的发展情况，每一届的举办主题，都突出了新塘牛仔服装产业的发展重点，既可以带来市场和客户，增加企业间的交流，还能促进新塘牛仔服装的品牌推广。但是近几年由于其他展会的冲击、牛仔服装产业发展遇阻，在新塘牛仔节的举办过程中，订单吸引力逐渐下降，不少企业对牛仔节的参与积极性不高。展会是一种为了展示产品和技术、拓展渠道和促进销售的集会。展会具有临时集聚性、社会经济的周期性、组织邻近性的特征，这些特征类似于永久性产业集群内的知识溢出与学习机制，因此可以将专业性国际集会称为"临时性产业集群"（temporary industrial cluster）。临时性产业集群通常是指来自世界各地、从事相同或相似行业、拥有不同规模的企业，在特定机构组织下，在特定的地点发生集聚，并在短时间内产生信息与知识的交流与传递的现象。在形成的临时性产业集群中，企业既可以专注于销售的效果，也注重维持或建立潜在的关系，促进信息与技术的交流。在参与展会时,临时性产业集群可以让参与的企业获取同行的新产品与新技术、定位自己的角色、辨别未来市场趋势，并因销售关系或面对面交流获得潜在客户与合作伙伴。临时性产业集群虽然存在时间短，但是使企业所获得的信息技术与经济效益不可小觑。由展会带来的创新联系包括商业、研究领域和生产等多方面，既涉及价值链中的纵向联系，也包括同行企业间的横向联系。

（4）发展期：创新支持网络联系增强。这一时期的创新支持网络发生了新的变化，与以往相比主要表现在以下三个方面。

第一，企业与大学及研究机构的合作。新塘牛仔服装制造企业与大学及研究机构的创新联系较弱，绝大部分企业与大学及研究机构没有创新联系。在新塘，企业与大学及研究机构之间的联系主要表现为三种形式：一是以中小企业为主，新塘存在一些研究中心，以新版牛仔服装款式研发设计为主，实行会员制，即为会员提供创新服务，减少会员的研发资金与精力的投入，但是也存在一些问题，如这些产品的自身模仿性较高，款式很快就会失去创新优势。二是以大企业或新型的牛仔产品制造企业为主，这些企业与大学的创新联系较多，主要表现为研发设计上的合作与人才引进方面的合作。随着电子商务的不断发展，还出现了淘宝大学华南电商研究中心与牛仔服装企业达成战略合作协议，牛仔电子商务中心还与增城职业学校开展"校企合作，创客方案"活动，例如，与广州松田职业学院机电与信息工程专业合作举办淘宝详情页设计大赛，以促进新塘牛仔服装电子商务的发展。企业与大学及研究机构之间的合作内容集中在对新型漂染技术的改进、对环境污染的测量与治理,如广东出入境检验检疫局检验检疫技术中心——纺织品检测的入驻。

从上可知，新塘牛仔服装产业集群与大学及研究机构的相关创新联系还很微弱，牛仔服装产业中的创新主要表现在布料面料的创新、洗水的技术创新、款式的设计研发和机械设备的更新，而目前大学培养的人才与牛仔服装产业所需要的匹配度不高，且新塘本地的大学较少。自2012年开始，新塘牛仔服装企业与大学及研究机构之间的合作初见成效，从论文与专利的合作可以看出，牛仔服装产业属于传统制造产业，不同于高新技术产业，合作论文与专利较少，但是数量呈现上升趋势，合作前景乐观，特别是在新塘牛仔服装产业转型升级的关键时间，产学研之间的合作尤为重要。

第二，企业与政府之间的合作。调研表明政府对企业的支持主要表现在政策上的支持，包括税收、职工培训、产品出口及人才引进政策，还有在资金上的支持，包括展会上的活动资金的补贴、机械设备更新上的补助等。对于新塘牛仔服装企业来说，制约创新发展的因素主要有环境污染、同行竞争大和高成本。近几年政府对牛仔服装产业的洗水环节进行了管理与限制，2017年政府颁布了新塘夏埔工业园与西洲工业园的洗水企业搬迁或者关停的政策，即2018年2月10日前76家污染企业全面停止生产，分为三个阶段执行：2017年9月10日前停产6家，12月31日前停产18家，2018年2月10日前停产52家，以保护周边居住区的环境。洗水环节是牛仔服装产业发展的核心，关系到牛仔服装的质量和成本，洗水企业的关停和搬迁，会增加新塘牛仔服装制造企业的成本与供货时间。对于大多数没有洗水环节的中小企业来说，这是巨大的冲击。同行竞争大的主要原因是目前国内外牛仔服装产业的迅速发展，新塘牛仔服装产业面临发达国家的品牌制造与发展中国家和地区的低成本优势的双重压力，国内外销售市场都面临萎缩，新塘本地主要以中小企业为主，生产的牛仔服装同质性高，缺乏品牌，同时同行企业之间缺乏创新联系，使得新塘牛仔服装在国内外市场逐渐丧失优势。

第三，行业协会的桥梁纽带作用。作为创新网络中的重要主体，行业协会是联络企业与企业、企业与政府、企业与学校的重要桥梁，其可以促进不同集群之间的联系，协调政府与企业之间的关系，通过组织展会、研讨会等，为企业发展提供市场组织与考察机会。在调研的样本企业中，39.34%的企业认为通过行业协会可以了解市场信息，特别是近些年，行业协会在参加展会和与其他牛仔服装产业集群的会议中，得到了牛仔服装产业发展的趋势与信息；16.39%的企业认为可以通过行业协会及时了解政策的变化；认为可以从行业协会获得法律咨询服务、技术服务的企业分别占 11.48%和 14.75%。但是目前新塘行业协会的成员数量少，还不能完全表达绝大多数企业的想法与发展情况。

综上所述，产学研网络发展进入了新的时代，而政府在产学研创新支持网络中的地位很重要，对促进新塘牛仔服装产业的发展，实现传统产业的升级转型，提升新塘镇牛仔服装产业的整体竞争优势，打响"世界牛仔看新塘"的影响力具有重要的作用。新塘镇政府一直给予新塘牛仔服装产业以资金、技术上的支持，引导企业对现有技术设备升级改造，推动新塘牛仔服装产业从面料设计、企业管理、营销方式、节能环保等全方位实现创新，从而实现新塘牛仔服装产业由"新塘制造"向"新塘创造"的方向发展，促进新塘牛仔服装由制造到创造的转变、由从价格优势到品牌优势的转变。在新塘，政府是创新支持网络的核心。

近年来，新塘牛仔服装产业在市场信息、准入标准、质量提升、市场开拓、宣传推广等多个环节齐头并进，同时积极推动牛仔服装产业市场升级改造，建设了研发、信息、检测等多个牛仔服装公共服务平台，为企业提供研发、检测、技术服务、知识产权保护、法律服务、电子商务等服务。在提供公共服务平台的同时，宣传"新塘牛仔"品牌，多方面探求牛仔服装销售的新渠道，在政府的支持下建设牛仔品牌名店街、牛仔文化展示厅；建立自己的牛仔文化节并积极参加国内外展会，如"广交会"、"Shanghai International Jeans Wear Expo"、"Denim Times 首届深圳国际牛仔展览会"、美国拉斯维加斯 MAGIC 国际时装面料展览会等。参加国内外展会既能获得订单，为企业带来经济效益，也能起到品牌推广、新产品推广的作用，提升"新塘牛仔"的品牌效应，同时还能学习同行的新产品、新技术，分析市场流行趋势，增加交流、共享知识。

5.5.2　创新支持网络演化过程

本节将借鉴演化经济地理学的路径依赖理论，运用路径依赖理论中的路径依赖、路径锁定与路径创造等来分析新塘牛仔服装产业集群创新支持网络的演化过程。路径依赖是指社会、经济、技术等由于惯性的力量在某一路径上不断自我强化并锁定于这一特定路径的现象。在创新支持网络形成的前期，产业发展与集聚现象还没有发生，这段时间主要是地方要素、市场以及制度为产业的出现和发展积累了条件，同时这些条件也可能成为后期产业发展与创新网络演化的阻碍，出现"锁定"效应。企业在前期的发展过程中不断积累壮大，形成了规模经济，成功的中大型企业开始衍生出大量的小企业，集聚经济表现明显，惯例开始在本地扩散，人际关系网络增强。随后，产业的发展会进入不同的状态，一种是集群中的企业进入稳定阶段，企业惯例开始僵化，集群中的网络联系固定单一，少有新因素的出现，这种状态的持续，最终会导致路径锁定现象的出现；另一种是动态变化阶段，在新环境下或者新因素的影响下，企业开始创新惯例，进行行为调整，重新整理网络之间的关系，使得企业可以适应新环境，以获得持续发展的机会。

（1）产业空间集聚发展的路径依赖。企业衍生与集聚经济是路径依赖的主要机制（尹贻梅等，2012）。集聚经济是指经济活动在地理空间上发生集聚的现象。相同或者互补企业在特定的地理空间上集聚，并发生产业空间集聚的演化，这种演化过程是企业的惯例在产业部门内部或产业部门之间的空间分布过程，企业的惯例和能力在本地的扩散推动企业的空间集聚。企业的集聚与结网，一方面能促进产业内部知识的外溢和企业之间的信息和知识的外溢，推动本地知识的产生和扩散，增强社会联系；另一方面，同类企业的大量集聚也会增加产业之间的竞争，良性竞争会促进创新的产生，恶性竞争则会阻碍产业的发展。在一定的社会环境中，空间集聚的企业通常拥有共同的社会关系与制度环境，而这些共同的正式的和非正式的联系能降低创新的风险。产业空间分布的变化主要是大企业的衍生、新企业的进入、本地企业、外来企业、经济条件与地理环境等多方面综合作用的结果。20世纪80年代，新塘牛仔服装产业主要集中在大敦村及周边地区，企业主要以同类型的家庭式作坊为主，企业间的联系更多是建立在亲缘等社会关系网络的基础上，村内的企业之间相互模仿、竞争市场。家庭作坊式的制衣厂的大量产生是惯例选择的结果。早期的牛仔服装制造企业规模较小，一方面是因为国际销售市场不大，国内本地的技术、劳动力缺乏等，另一方面是因为大多数家庭作坊式企业是在本地大企业的影响下形成的，主要以大敦村本地居民创办为主，为减少投资风险，他们往往会选择规模较少但是灵活的作坊式企业。1980—1990 年，企业的空间布局主要是通过空间邻近关系而被遗传、扩散和继承的，很多衍生企业分布在母企业的周边，以获得相关的技术和信息，同时，外来的新企业看到了大敦村发展牛仔服装产业的前景，纷纷到该地建厂。周边的村落因为地理距离较近，开始模仿大敦村，开办牛仔服装制造加工企业，从而促进了本村的牛仔服装产业的发展，产生集聚效应。从 20 世纪 90 年代开始，新塘牛仔服装产业的集聚区增多，主要有大敦村、沙埔村、群星村和东坑片区，并以这几个地点为中心向周围扩散。这个时间段的企业规模扩大，出现了很多中大型企业，在竞争过程中，牛仔服装款式的创新开始出现，企业开始申请商标，走培育自主品牌的道路。本阶段继续沿袭了 1980—1990 年的衍生与模仿，一方面，由于大敦村的企业数量不断增加与外来人口的增长，当地的环境承载力受到挑战，部分企业开始迁移到周边地区。另一方面，随着牛仔服装产业的不断发展，出现了一大批规模较大的牛仔服装制造企业，这些企业在长期发展过程中积累了一定的经济和技术实力，拥有企业惯例的独特竞争优势，不必依赖于大敦村等早期集聚点来发展，由于新塘镇本地相同的社会文化环境，这些企业开始集聚于沙埔村、群星村与东坑片区。产业布局出现向外围扩散的现象，形成新的集聚点，表现为空间变化的路径依赖特征。21 世纪初，牛仔服装产业空间集聚的特点出现新的变化，不同于之前的自发式集聚，本阶段，在政府制度的影响下，出现了以工业园区为形式的新集聚地，如新塘国际牛仔纺织城、汇美布匹工业园、民营工业园、太平洋工业区等。这类工业园将同类型的企业规划在一起，不同于原先大中小型企业集聚的现象。2000—2012 年，新塘牛仔服装制造企业数量继续增长，最多时企业数量接近 1 万家。这个阶段，除了原有的牛仔服装产业集聚点外，由于政策规划原因，牛仔服装产业的空间布局发生新的集聚变化，打破了牛仔服装产业以原先的集聚点向四周扩散分布发展的路径。政策的干预使得新塘牛仔服装产业出现新的集聚区，而同时，大敦村及其他原始集聚点的企业也出现了大量的置换，20 世纪 90 年代大量来自四川、重庆、湖南、湖北等省（直辖市）的劳动力涌入新塘，开始从事牛仔服装制造加工，经过若干年的经验、资本、社会关系网络的积累，在 21 世纪初，这一批外地劳动者开始自己创办或接管牛仔服装制造加工企业，这种现象在大敦村表现十分明显，大敦村集聚的大量牛仔服装制造企业都是外地人创办的。从 2012 年开始，新塘牛仔服装制造企业的空间分布基本稳定，既有自发式的企业空间集聚，也有政府规划的园区，企业数量变化较稳定。呈现"大扩散，小集中"的现象。根据国家企业信用信息公示系统的企业数据，2017 年新塘牛仔服装制造企业广泛分布于镇区范围内，出现大范围分布，小范围集中的现象。2016 年新塘镇政府发布洗水企业关停或搬迁的通知，在 2018 年 2 月之前，关停洗水漂染等企业 70 多家。按照产业发展的路径，洗水企业的大量搬迁，对牛仔服装制造企业的影响很大。

（2）路径锁定导致创新网络联系僵化。路径依赖是指社会、经济等系统沿着一定路径发展，这种路径可能是有效率的，也可能是低效率或者是无效率的。因此，演化经济地理学认为路径依赖是一种状态，也是一种过程，通常将路径依赖分为两种类型的效应，一种是积极的路径依赖效应，它会提高产业的专业化程度，呈现出报酬递增效应，增强主体之间的联系；另一种是由于过度专业化、外部联系少而导致的消极意义的路径依赖效益，它发展到后期会出现"锁定"效应。新塘牛仔服装产业集群创新支持网络的演化也遵循路径依赖理论。梳理产业发展 40 多年的历程，通过 4 个时间段的对比发现，新塘牛仔服装企业模仿性强，缺少自主创新，缺少与同行企业以及相关研究机构之间的创新联系，导致创新支持网络联系弱。在新塘牛仔服装产业发展早期，客户的订单要求是企业获取新型款式与技术信息的重要通道。这条通道使得大量企业获得规模的扩大和技术的创新，更甚至是品牌的创新，走上自主品牌的道路。但是绝大多数中小型企业的创新还是以模仿为主，或者单一地依赖于客户的订单要求。前者在发展过程中，通过企业行为惯例的调整以获得新的发展。后者长久地依赖则会导致发展路径发生"锁定"效应，逐渐走向衰落。牛仔服装制造企业与客户的关系间接地影响了制造企业间的横向联系及其与相关的研究机构之间的联系。对比 2012 年与 2017 年的集群创新网络发现，牛仔服装产业集群的创新网络主要表现为企业间的纵向联系显著，而与同行企业之间的联系较弱，且是以社会关系网络为基础的网络联系为主。演化经济地理学认为，知识、信息不是自然流通的，而是通过有选择性的网络进行扩散的，这种创新模式的发展路径一方面促进创新核心网络的稳定，另一方面也导致创新支持网络联系相对封闭，企业缺少与同行企业之间的交流，与集群外的大学、研究机构的联系也较少，不利于创新网络长久的发展。

（3）创新支持网络的创新路径发展过程。创新是演化的根本动力，是演化经济地理学中的重要研究部分。创新可见于产业发展的每一个细节，伴随着集群创新网络演化的每一个阶段，一部分创新内容会促进产业的发展，增强企业之间的创新联系；一部分创新具有变革意义，会促进新路径的创造。在牛仔服装产业集群创新支持网络中，政府是最活跃的主体，由于传统产业集群网络中的创新联系较弱，所以创新支持网络中的创新行为主要表现为政府行为，其次是行业协会的作用。为促进产业积极适应新的环境，政府与行业协会积极协调各个创新主体之间的关系。创新支持网络主体的创新行为促进了网络联系，为满足集群与企业的持续发展，创新支持网络中的主体会不断地调整自己的行为。新塘镇政府自 20 世纪 90 年代后就成为当地牛仔服装产业的支持者与引导者，积极调整政策，紧跟世界牛仔服装产业发展的趋势，打造促进产业朝向品牌化道路发展的环境；行业协会与政府合作，积极开办牛仔节等新型互动平台，促进了集群网络主体之间的联系与交流，扩大了新塘牛仔服装的影响力，提高了其美誉度；21 世纪初，政府与研究机构、大学合作，积极治理污染，为牛仔服装产业的发展提供了良好的环境。在电子信息技术的影响下，政府积极引导，促进企业与大学、研究机构之间的合作，使企业适应牛仔服装电子商务化的新环境，提高信息技术运用的水平。

5.6　集群创新环境网络结构演化

创新环境网络是由政策法规、文化以及市场所组成的外围环境网络。在新塘，牛仔服装产业的发展一直受到政策法规、文化以及国内外市场环境的影响。这些外部环境能够影响每一个创新网络主体的发展，促进创新核心网络与创新支持网络的演化。

在创新环境网络的演化中，制度与政策的支持尤为重要，贯穿了创新环境网络发展的始终。新塘镇政府对新塘牛仔服装产业的政策支持主要包括基础设施建设、技术平台建设、销售市场的开拓和产业发展定位四个方面。基础设施的建设包括牛仔服装产业的工业园建设与专业市场的打造，影响了新塘牛仔服装产业的空间布局的演化；技术平台的建设包括研发中心建设、检测中心建设和信息商务中心的建设，为新塘牛仔服装的高质量发展、品牌建设奠定了基础，促进了新塘牛仔服装产业的转型升级与产业集群创新网络的发展；政府帮助企业开拓销售市场，主要表现在信息技术影响下的电子商务平台的建设和"互联网+小镇"的建设，积极协助企业开拓市场，增加销售范围；在产业发展定位方面，自2008年开始，政府支持牛仔服装制造企业的高端品牌化发展，并给予资金、技术、信息和服务上的支持，除此以外，在对本地环境保护和对污染的治理方面，政府积极寻求与大学、研究机构的合作，运用科学技术减少牛仔服装产业带来的污染。2017年，政府出台了牛仔洗水企业搬迁政策，对牛仔服装产业的发展有利有弊，一方面加快了牛仔服装产业落后产能的淘汰，促进牛仔服装产业的转型升级，另一方面洗水企业的搬迁所带来的成本的提升与工期的延长等问题，也给绝大多数的中小企业带来了新的挑战。

新塘牛仔服装产业集群创新环境网络结构演化过程及特征有如下几个方面。

第一，萌芽期的创新环境网络主要受到环境的综合影响。该时期国际产业转移出现新趋势，牛仔服装市场环境良好。20世纪六七十年代开始，随着发达国家的劳动力与土地成本的提升与发展中国家的崛起，发达国家的低成本竞争力逐渐丧失。随后，全球出现了产业转移热潮，发达国家将本国的劳动密集型产业或产业中的劳动密集型部分向发展中国家转移，同时，发达国家与地区的投资者开始将投资投放到发展中国家。改革开放新时期，本地政府积极响应政策。国家基本的制度变革等外部制度的变化会唤醒企业家精神，启动本地原先存在但尚未运作的技术、社会资本、市场要素等，激发企业家创业行为。20世纪70年代末，为抓住世界产业转移的浪潮，中国实行改革开放政策，积极引进外来企业与外来投资。新塘镇政府与港商合作创办制衣厂，开启了与大陆以外企业创新合作的先河，对新塘牛仔服装产业集群创新网络形成产生重要的影响，促进了新塘牛仔服装纵向互补企业合作创新网络的形成。在新塘牛仔服装产业发展的40多年里，与境外客户的交易创新合作联系一直都是新塘牛仔服装创新网络的重要组成部分。本地良好的企业家精神与社会关系网络促进新塘抓住发展机遇。1980 年以前，新塘镇是典型的农业镇。新塘镇邻近东江，水资源丰富，这成为牛仔服装产业发展的一个必备条件。新塘镇是一个具有悠久文化历史的小镇，宗祠众多，拥有大量的海外华侨，社会关系网络牢固，劳动力人口多，同时新塘地理位置优越，交通便利，距离广州市中心、香港、深圳都比较近，文化历史背景相似，这些因素都为改革开放后的境外投资的引进起到了重要的推动作用。市场环境的变化，引发了制度环境相应的变化，本地文化环境使得牛仔服装的销售市场具有全球化特征。本地文化中的企业家精神与关系网络开始发挥积极的作用，促进了牛仔服装产业在新塘的成长与发展。在市场、制度与本地历史文化的基础上，牛仔服装产业作为一种传统的劳动密集型产业，进入门槛低，技术含量低，成功地被新塘所选择，顺利地发展起来。在新塘本地的社会网络关系的基础上，建立起的"信任"和"凝聚力"是传统产业集群创新网络形成的基础，这种社会网络关系包括血缘、亲缘、业缘、地缘和学缘等。牛仔服装制造企业之间基于共同的地域或者社会关系形成的联系比比皆是，存在大量的家庭式作坊，主要以夫妻两人共同经营。这种具有相同的价值观念、社会习俗和行为方式的社会关系网络，有利于促进创新网络中各行为主体之间的联系，增加企业间的合作和交流，促进最初的行业知识和技术的流动。这些因素的综合影响，更加刺激了海外投资者的投资与本地的企业家精神，激发了大量的企业家创业行为。从 20 世纪 80 年代开始，牛仔服装产业在新塘迅速扎根并发展起来，成为新塘的支柱产业。

　　第二，创新环境网络结网期。20 世纪 90 年代国际市场需求的增加，使得新塘的牛仔服装制造企业数量急剧增多，还促进了一批规模较大的牛仔服装制造企业的形成，国际市场需求的多样化，使得新塘牛仔服装出现不同的产品等级，以满足不同的市场需求。一些规模较大的企业积极寻求品牌建设，以获得欧美的品牌牛仔服装的订单，这也促进了本地企业的进步与发展。在制度环境方面，政府开始关注环境问题，积极整治污染。1990—2000 年，新塘镇政府开始注重牛仔服装制造所带来的环境污染问题，并在大敦村集资新建了全省第一个村级的污水处理厂，加大了对污染的政治力度，为牛仔服装产业在新塘的持续发展奠定了良好的基础。

　　本地文化与基于亲缘、血缘的关系网络，使得本地居民大量从事牛仔服装产业。1990—2000 年是新塘牛仔服装产业发展最快的时期,受到牛仔服装产业发展的影响,大敦村村民超过 80%从事牛仔服装制造。遵循牛仔服装产业空间布局的发展路径,牛仔服装制造企业沿着大敦村和久裕村向四周延伸,并出现了群星村、东坑片区、西洲村和沙埔村新的集聚点。这些集聚点同大敦村一样,集聚着大量的牛仔服装制造企业,这些企业不同于家庭作坊式的企业。市场环境与制度环境相互影响,国际市场需求的增长促进了本地企业数量的迅速增加,牛仔服装在制造过程中需要大量的水资源,良莠不齐的企业洗水水平,使得产业产生的污染大量增加,因而本地政府开始关注污染问题,积极制定污染治理政策,并开办污水处理厂,以保证产业的发展与污染的治理。

第三,创新环境网络成长期制度作用显著。该时期市场范围增大,国内外市场被共同开拓。2000—2012 年,受到国际金融危机的影响,国际市场疲软,大量的新塘牛仔服装制造企业将销售市场转向国内,增加了新塘牛仔服装制造企业与国内企业之间的交易合作联系,很多企业开始主要拓展国内市场。调研结果显示,在企业选择集聚于新塘的原因时,分别有 27.30%和 17.86%的企业认为行业高度集中与完善的产业链影响了它们的选择。15.82%的企业认为集聚在新塘会带来广阔的市场,这部分企业主要是纺织或辅料企业,它们主要为新塘本地的牛仔服装制造企业提供原材料。在本地文化背景下,关系网络促进了企业衍生与企业数量的增加。本次问卷调查中的 56.41%的样本企业是在 2000—2012 年成立的,在被问到企业起源的影响因素时,有 178家企业选择了企业的创立是受到亲朋好友的影响,127 家企业受到了同乡的影响,120 家企业是在大企业的工作经验的基础上创办的。这说明社会关系网络对新塘的牛仔服装制造企业的创办与数量的增长具有重要的作用。制度环境改变产业分布的空间格局,改善市场环境。2001 年,中国成功加入世界贸易组织,扩大了新塘牛仔服装产业的销售范围,促进了企业交易合作创新网络的发展。2004 年初,永和村、仙村、沙埔村、宁西村并入新塘镇,产业的发展空间增大;同时,家庭作坊式企业减少,上规模、上档次的企业增加。由政府主导的牛仔节等的成功举办,促进了新塘牛仔服装的品牌宣传,企业在政府政策的支持下,参加广交会等国内外展会,增加了企业的牛仔服装产品的销售量、扩大了企业的销售市场,并使企业建立新的创新联系。新塘牛仔服装企业的集群存在广泛分布，小范围集中的现象，既有自发集聚的原因，也有政府规划的影响。21 世纪初，政府规划兴建了民营制衣工业园和洗漂染整环保工业园等，使得牛仔服装企业出现专业化集聚。牛仔服装生产企业集聚在大敦村、久裕村、东坑片区、沙埔村、银沙村一带，除了个别企业拥有自己独立的洗水厂外，新塘牛仔服装产业的洗水环节主要集中在西洲工业园、夏埔工业园和沙埔银沙工业园；纺织、布料主要集中在久裕村、新塘国际牛仔纺织城、长风国际、新塘国际贸易中心；制衣厂主要分布在大敦村、久裕村、东坑片区，分布较广泛。辅料企业主要集聚在汇美辅料城、东坑片区和新塘国际牛仔纺织城。

在国家、省、市到增城区的相关上位规划中，也有提到新塘传统产业牛仔服装产业的发展定位。如《纺织工业"十二五"发展规划》《广州 2020：城市发展总体战略》《广州 123 城市功能布局规划》都明确提到应促进牛仔服装产业的转型升级，积极巩固现有的牛仔服装产业的优势，向产业链两端延伸，走品牌建设之路。城市的发展建设都要积极为牛仔服装产业服务，促进牛仔服装产业的进一步发展。《增城市土地利用总体规划（2010—2020 年）》中明确提出，要支持新塘牛仔服装产业的发展，将新塘打造成为生产服务中心。

第四，创新环境网络发展期国内外市场紧缩，同行企业的竞争压力增大，产业发展面临挑战。2012 年后，受到欧债危机、美日经济低迷等因素的影响，新塘牛仔服装产业的国际市场继续萎缩。随着东南亚发展中国家的发展，其劳动力与土地费用的竞争优势逐渐凸显，但新塘本地的劳动力成本、租金上升，使得新塘牛仔服装企业的竞争力减弱，加之棉花价格波动使得新塘牛仔服装制造企业的低成本优势逐渐丧失，长期依赖外贸加工出口的增城牛仔服装产业受到较大冲击。同时，国内长江三角洲地区、广东省内其他地区的牛仔服装产业的竞争越发激烈，纷纷抢占国内市场，这更加重了新塘牛仔服装产业所面临的挑战。2012 年，增城牛仔纺织服装规模以上工业产值首次出现负增长，到 2016 年，牛仔纺织服装占全区规模以上工业总产值的比重下降至22.79%。同时在这一时期，新塘牛仔服装产业也迎来了新的销售方式，出现了以电子商务为主的信息技术，新塘迅速集聚了大量做电子商务的牛仔服装企业或者销售环节。"互联网+"的发展，促进了其在牛仔服装产业的设计、生产、营销、物流等环节的深入应用，为牛仔服装产业的创新发展提供了广阔空间，这也对传统生产经营方式提出新的挑战。不同于传统牛仔服装产业的交易模式，电子商务以小批量的订单为主，且交易对象出现从企业客户向个人客户的转变，使得企业的纵向互补企业合作创新网络更加复杂，但不失灵活。信息技术的应用，促进了新塘牛仔服装产业的发展和销售模式的创新，并对其提出了新要求。

这一时期，污染问题成为制约新塘牛仔服装产业发展的重要问题，强制性制度开始陆续出台。2012 年至今，政府开始出台政策，以探索牛仔服装产业转型升级发展，但是成效不大。与此同时，产业长期发展导致的环境污染问题日渐凸显。2014 年，增城区政府委托环境保护部华南环境科学研究所对新塘环保工业园进行了环保"深度治理"的探索和设施升级改造，12 家牛仔服装制造企业实施清洁生产，并通过了广州市审核验收或实地评估。2017 年，按照中央第四环境保护督查组整改要求，对新塘环保工业园、夏埔工业园等在内的共 76 家企业（其中 68 家洗水漂染企业）进行了限期关停整治，这给新塘牛仔服装产业的发展带来了巨大的挑战，牛仔服装制造企业的成本将提高，货期时间也将延长。

在调研中发现，超过半数的企业认为目前新塘牛仔服装产业所处的制度环境一般，24.85%的企业认为目前的制度环境较差，主要表现在知识产权保护制度不完善与企业间建立的创新合作关系困难方面。在新塘，牛仔服装企业缺乏申请专利与商标的意识，企业之间的相互模仿现象比较严重，阻碍了牛仔服装产业的创新发展。在创新环境网络发展期，国内外市场的萎缩，制度政策的限制，使产业发展面临前所未有的阻碍。如何促进产业持续创新发展？制度环境如何积极调整以面对市场的变化？本地企业文化如何适应制度环境与市场环境？这些成为本地企业、政府等主体共同面临的问题。

5.7　集群创新网络演化机制分析

集群创新网络是由集群创新核心网络、创新支持网络与创新环境网络共同组成的。三个子网络相辅相成、共同演化，促进了集群创新网络的发展与演化。本节将从演化经济地理学的共同演化视角出发，分析新塘牛仔服装产业集群创新网络各子网络在网络整体演化过程中的作用，进而揭示集群创新网络的共同演化机制。

5.7.1　子网络在网络整体演化中的作用

5.7.1.1　在创新网络萌芽期，创新环境网络引发创新网络产生

早期创新网络的发展是市场、制度与本地文化综合影响的结果。1980—1990 年，新塘牛仔服装产业集群创新核心网络开始产生并逐步发展，创新环境网络起到重要的促进作用。此阶段的创新核心网络主要是以横向竞争企业合作网络与纵向互补企业合作网络所构成的。创新核心网络在创新环境网络的基础上建立与形成，网络规模小，联系强度弱，创新边界有全球性特征。企业衍生速度慢，基于血缘与亲缘的非正式联系作用突出，企业主要集聚在大敦村与久裕村。创新环境引发创新网络产生主要体现在以下几个方面。

（1）开放的制度环境决定了企业的类型与生产模式。20 世纪 70 年代末的改革开放，让新塘抓住了难得的历史发展机遇。在此阶段，新塘牛仔服装产业集群所形成的创新核心网络主要是由制衣厂、洗水厂等企业与政府、贸易公司、客户组成。开放的制度使得早期新塘本地的企业以合资、港资为主，接受大量的外来资金的支持，供应商与客户都在境外。本地牛仔服装制造企业处于简单的加工环节，产业链不完整，主要是为境外的客户进行加工生产。

（2）市场环境导致创新来源单一。创新网络萌芽期企业的创新来源主要是境外的市场和客户，所有的牛仔服装加工样式均听取客户的意见，企业自身的创新能力弱，创新发展表现为生产设备的引进更新，学习境外客户的管理经验。

（3）文化环境促进早期企业的创办、企业的衍生以及创新核心网络的联系形式。新塘本地浓厚的创业文化，使得早期大量的本地居民参与到牛仔服装制造中，纷纷创办企业，主要以家庭式作坊和小企业为主。本地居民之间基于血缘与亲缘的关系网络促进了同行企业间的交流，通过与港商之间的亲缘关系开阔销售市场，并获得了一定的外来资金的支持，创新核心网络间横向企业联系主要以非正式联系为主。

5.7.1.2　在创新网络结网期，创新核心网络推动网络发展

创新网络结网期的创新网络主要表现为创新核心网络的丰富。创新网络主体增多，基于产业链的相关企业数量增加，金融机构开始出现，为牛仔服装企业的发展提供了资金的支持。中大型的企业开始出现，企业衍生速度较快，企业数量快速增长。

（1）产业链的完善促进创新网络主体的增加。本阶段创新网络的主体主要包括牛仔服装产业链上的所有企业、政府、客户、贸易公司以及金融机构。由于私人企业的不断增加与我国金融业的发展，金融机构开始发挥作用，为企业提供资金支持与金融服务。

（2）企业间的人员流动促进创新网络联系的增强。20 世纪 90 年代，新塘牛仔服装产业的不断发展，吸引了外来劳动力进入新塘从事牛仔服装制造。在亲缘与地缘关系的基础上，这些外来劳动者带动了家庭、家族与同村的人一起来到新塘务工，形成了具有地方特色的小型团体，他们在不同的企业中工作，彼此保持联系和交流。

"1994 年，我与同村的人一起从湖南来到新塘打工，先后去了不少企业工作，最早打工的那家企业现在已经没有了。我熟悉牛仔服装制造的每个环节，还和一些企业工作人员成了好朋友。现在创办了自己的企业，经常会去创兴公司洗水，通过一些会议交流技术创新的想法和市场信息，也帮一些本地的大企业承担贴牌加工。"

——某企业老板

（3）创新内容的丰富使得网络更具创新性。与创新网络萌芽期的牛仔服装产业发展情况相比，创新网络结网期的牛仔服装产业发展的突出表现是企业更加注重品牌建设。从 1989 年第一个商标的申请开始，新塘的商标申请数量稳定增加。到 2000 年，申请商标数量达到 174 个。但是大部分企业自主研发能力还相对较弱，特别是新塘的服装生产加工制造业，主要以中小型企业为主，企业技术含量低、资金缺乏、进入门槛低。创新网络结网期牛仔服装产业的创新主要分为两类：一类是比较有实力的大型企业，一般通过自主研

发或者与其他企业、研究机构之间的合作获得创新资源，并通过引进国内外先进的技术手段及机械设备，在产品样式及生产工艺上进行创新；另一类是中小企业，与大企业相比，中小企业在资金、技术和人才方面都存在短板，因此，中小企业的创新主要是通过"模仿"获得，通过模仿客户样板和同行新产品来更新产品的样式或者工艺。在传统产业集群形成的过程中，普遍存在一种"模仿创新"，新衍生的企业通常会集聚在母企业周围，通过交流合作获取创新资源，进行"模仿创新"，以减少成本和风险。因此，新塘本地的一些企业通过模仿客户或其他企业的产品样式，增加自己的特色元素，在为国外品牌做代工的同时，争取机会做原厂委托设计（ODM）或者直接出口自己的商标服装，为服装设计与品牌建设奠定基础，促进了新塘牛仔服装产业向高质量方向发展。

随着国内外牛仔服装市场需求量的扩大和款式多样化需求的增加，新塘牛仔服装产业形成了紧密的基于亲缘、血缘、业缘、同乡等横向竞争企业合作创新网络和基于客户和产业链上下游的企业合作交易创新网络。这增加了企业间的合作与竞争，企业间主要依靠模仿创新提升专业化水平，产业链的细化也促进了企业进一步深化产业内的分工。

5.7.1.3　在创新网络成长期，创新支持网络促进创新网络完善

2000—2012 年成长期阶段，新塘牛仔服装产业集群创新网络发展进一步完善，网络规模进一步扩大，相较于萌芽期与结网期，成长期的网络联系强度变强，创新网络中的主体以牛仔服装相关企业、政府与协会为主，本阶段创新支持网络发展尤为突出。

（1）制度环境与市场环境相互作用，文化环境影响创新核心网络与创新支持网络的发展。由于 2008 年的金融危机与国际市场萎缩的影响，新塘大量的牛仔服装制造企业将销售市场转向国内，这促进了纵向互补企业合作创新网络的发展，企业与国内客户的交往日益密切。本时期创新核心网络中的企业衍生速度快，企业类型变为以私营为主，企业主要以非本地企业家创办为主，而本地企业家的数量逐渐减少。在实地调研中发现，由于国际市场的萎缩、本地生产成本的增加、金融危机的影响，大量早期本地企业家创办的企业受到影响，一部分本地企业家缩小规模，另一部分则转向其他产业进行投

资，将牛仔服装企业转卖给外地企业家。

"我是新塘大敦村本地人，20 世纪 90 年代创办了这个企业，小企业现在不容易，生意越来越难做，以前的亲戚朋友赚了钱就不做了。我做了这么多年，主要是做小买卖，一直有几个国外客户，近几年也准备不做了，赚不到钱。"

——某企业老板

（2）创新支持网络主体增加，促进创新核心网络与创新支持网络间联系的增强。这一时期，行业协会的出现，成为沟通企业与政府及相关部门的重要纽带，由行业协会和政府引导下的会展所带来的临时产业集群，在一定程度上促进了新塘牛仔服装制造企业在本地和跨区域的交流与合作，促进了知识、信息、技术的溢出。牛仔节的创办促进了新塘牛仔服装品牌的宣传。企业与大学及研究机构、政府与大学及研究机构的联系增强。

（3）创新内容继续增加，出现机械设备、自主品牌、销售市场等多种创新内容，可以从商标申请、专利与合作论文发表等方面体现。新塘牛仔服装产业路径发展稳定，产品和工艺创新也有了较大的发展，商标申请量稳步增长，牛仔服装产业的专利也开始出现，但都是以个人名义与单个公司名义的申请为主，较少出现与其他组织、创新主体合作的情况。根据相关学者的研究（吴滢，2012），到 2012 年，新塘牛仔服装产业集群创新网络以生产企业、金融机构与原辅料供应商之间的联系最为紧密，其次是中介机构、政府与生产企业之间的联系，说明这个阶段以纵向互补企业合作创新网络为主，创新支持网络中各主体之间的创新联系相对较弱。本阶段的集群网络密度为0.8286，属于较高水平，主要原因为集群中的生产企业与上下游企业间的联系紧密，且这些企业与金融机构和中介机构的联系也较多，提升了网络的总体密度（图 5-5）。

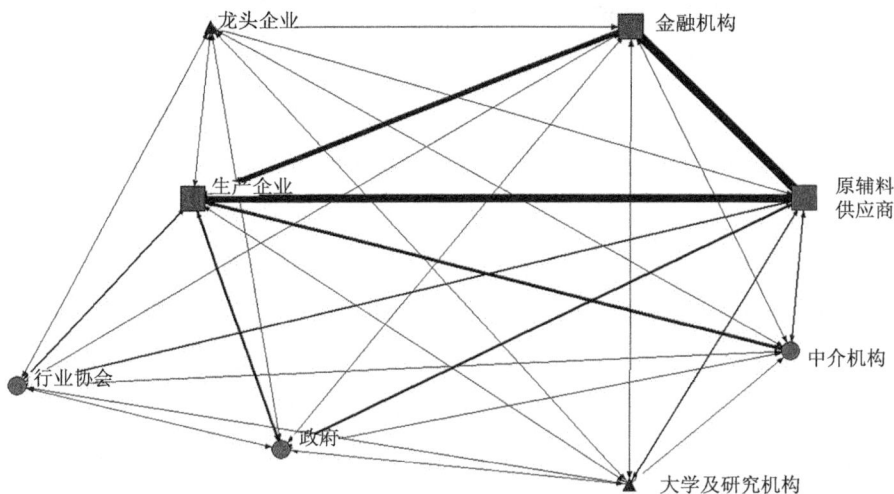

图 5-5　2012 年新塘牛仔服装产业集群创新网络中各主体联系强度

5.7.1.4　在创新网络发展期，各子网络协同稳定发展

在创新网络发展期，新塘牛仔服装产业集群的创新网络趋于完整，包括产业链各个环节的企业、协会、大学及研究机构、金融机构、政府、中介机构等主体，但是创新主体的总量在减少，主要表现为企业数量的减少、企业衍生速度减缓。集群创新网络整体发展较稳定，主体之间的创新联系以建立在产业链上的制衣企业、纺织企业、面辅料企业与金融机构的联系最为紧密，其次是制衣企业与中介机构、政府之间的联系，再次是制衣企业与行业协会之间的联系，制衣企业与大学及研究机构的联系最为薄弱（图 5-6）。

（1）创新网络以创新核心网络最为突出，产业链上下游的相关企业联系最为紧密。同行企业之间的正式创新合作比较少，以非正式的交流合作为主，同行企业之间通常会分享对市场行情及信息技术的了解。在创新支持网络中，以企业与大学及研究机构的联系最弱，主要的合作仅存在于大型龙头企业与大学之间的创新合作。创新支持网络中的行业协会的联系边界从新塘本地与广东省扩展到全球，促成区外、省外及国外的研究机构与新塘本地企业之间的合作。政府作为产业的引领者，主要对企业给予政策支持，在企业参加展会等活动上给予资金补助，在购买机械设备方面给予资金返还支持，在产业污染水治理上促进了官产学研的合作。

（2）集群创新环境一般。基础设施建设主要以民营工业园、沙埔银沙工业园、太平洋工业园、国际牛仔纺织城等几个集聚区较完善，而在大敦村、久裕村等村中的基础设施建设落后，环境较差。由于受到国内外市场竞争的影响，近年来新塘牛仔服装产业的市场环境存在压力。牛仔服装不同于其他服装，其制造工艺存在特殊性，新塘本地同行企业创新合作较少，与大学及研究机构的联系也较少，创新氛围不浓，创新环境较差。

（3）创新活动主要表现在电子商务的推广扩大了市场，使得企业与大学及研究机构的创新合作增多。在这一时期，新塘牛仔服装企业的电子商务获得了巨大发展，除了五金配件和机械辅料相关企业，几乎所有从事销售的企业都运用了电子商务，实现线上销售，扩大了企业的客户群，提高了销售量。同时，牛仔服装企业对先进机械设备的运用，也提高了新塘牛仔服装的质量与生产效率。电子商务型企业会增加其与大学及研究机构之间的合作，以促进电子商务的发展。

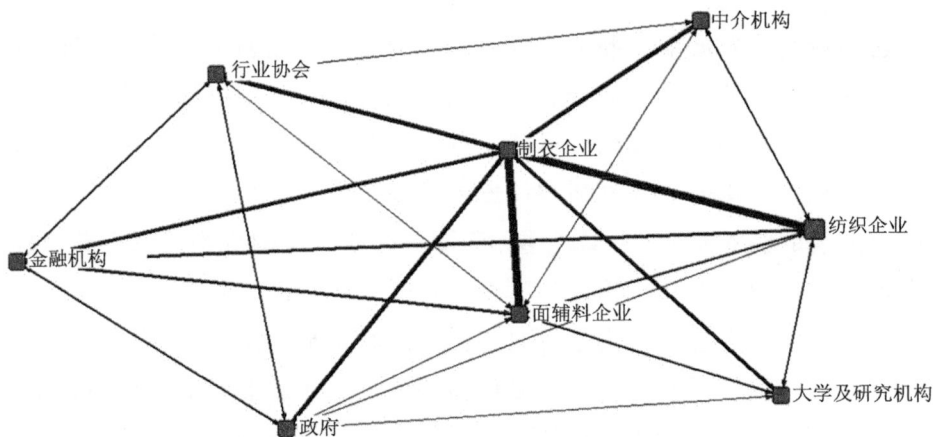

图 5-6　　2017 年新塘牛仔服装产业集群创新网络的联系强度

网络中心度描述的是个人或组织在社会网络中的权利地位。为方便进行不同时期的网络中心度的比较，我们将绝对中心度进行了标准化，获取相对中心度的数据。在问卷调查数据的基础上，进一步分析新塘牛仔服装产业集群创新网络的联系特征，分别测算了创新网络的网络密度、绝对中心度、相对中心度、绝对中间中心度、相对中间中心度、绝对接近中心度和相对接近中心度，以对网络联系中的各个主体进行深入分析。

　　基于问卷调查数据，运用社会网络分析方法，我们测算了集群网络的中心度等指标，结果表明，2017 年新塘牛仔服装产业集群创新网络密度为31.722%，标准差为 69.35。网络密度较低，且标准差较大，说明创新网络中的各数据偏离平均数较大，各个主体的联系频度相差较大。虽然新塘牛仔服装产业集群创新网络中的纵向企业之间的联系较为紧密，但是综合整个网络主体之间的联系发现，创新网络密度较小，且"制衣企业—纺织企业"与"制衣企业—大学"之间的联系，还具有较大的差距，因此标准差较大，这主要与新塘牛仔服装产业集群以中小企业为主的情况有关。

　　中心度是指主体在网络中的中心地位，通常与其他主体之间有较多关联的主体就居于网络中心地位，与其他主体之间的联系少，则偏向于网络边缘地位。从表 5-4 中可以发现，绝对中心度以制衣企业最大，其次分别为纺织企业、面辅料企业、金融机构等，行业协会与研究机构最小，说明新塘牛仔服装产业集群创新网络中的产业链上下游企业处在网络的中心位置，大学、行业协会与研究机构等创新支持网络的主体位于网络的边缘位置。中间中心度（betweenness centrality）也是刻画行为网络主体中心度的重要指标，主要是表达网络主体对资源的控制程度，通常若主体位于许多其他主体的捷径上，即最短的途径上，这个主体就具有较高的中间中心度。从表 5-5 可以看出，中间中心度以制衣企业最高，中介机构最低，说明制衣企业对网络中资源的控制程度较高。接近中心度表示网络中的一个主体与其他主体之间的接近程度，通常位于核心位置的主体在传递信息时，较少依赖于他人，而处于非核心位置的主体通常会通过其他主体获得信息。从表 5-6 可以看出，制衣企业具有最短路径，具有较高的接近中心度，其次是面辅料企业、纺织企业与政府，最后是中介机构与研究机构。

表 5-4　新塘牛仔服装产业集群创新网络中心度分析

排序	绝对中心度	相对中心度
制衣企业	899	38.88
纺织企业	459	19.85
面辅料企业	341	14.75

续表

排序	绝对中心度	相对中心度
金融机构	303	13.11
中介机构	130	5.62
政府	73	3.16
大学	27	1.17
行业协会	27	1.17
研究机构	25	1.08

表 5-5　新塘牛仔服装产业集群创新网络中间中心度分析

排序	绝对中间中心度	相对中间中心度
制衣企业	3.12	11.13
面辅料企业	1.28	4.58
纺织企业	1.28	4.58
政府	1.28	4.58
金融机构	0.83	2.98
大学	0.5	1.79
行业协会	0.5	1.79
研究机构	0.2	0.71
中介机构	0	0

表 5-6　新塘牛仔服装产业集群创新网络接近中心度分析

排序	绝对接近中心度	相对接近中心度
制衣企业	8	100
面辅料企业	9	88.89
纺织企业	9	88.89
政府	9	88.89
行业协会	10	80
金融机构	10	80
大学	11	72.73
中介机构	12	66.67
研究机构	12	66.67

综合以上分析，我们发现制衣企业在集群创新网络中占据绝对的中心地位，对网络资源的控制程度较高，且具有较高的接近中心度。这主要是因为新塘有大量的牛仔服装制衣企业集聚，本地的产业链完整，制衣企业与本地上下游企业之间的联系增多，而新塘牛仔服装产业的发展特征导致了企业与研究机构、大学等创新支持网络中的主体联系弱，创新效果差。

5.7.2　集群创新网络的共同演化机制

共同演化具有多层级、多向因果的特征，既可能发生于低层级中，也可能发生于高层级中，还可能发生于层级之间（黄凯南，2008）。集群创新网络是一个多层级系统，创新网络的演化发展实际上就是微观创新核心网络（企业网络）、中观创新支持网络（产业网络）与宏观创新环境网络（制度、市场与文化）三者之间的互动发展的过程。即牛仔服装企业、政府、行业协会等行为主体的联系网络在制度、文化与市场环境中不断变化的过程，而这种环境网络自身也在不断发生变化，不断与其他网络进行互动（图5-7）。三个子网络作为集群创新网络的重要组成部分，互为因果、互相作用、共同演化。创新核心网络对创新环境网络起到塑造与维持的作用，而创新环境网络会推动或制约创新核心网络的形成与发展，影响企业的行为；创新核心网络影响

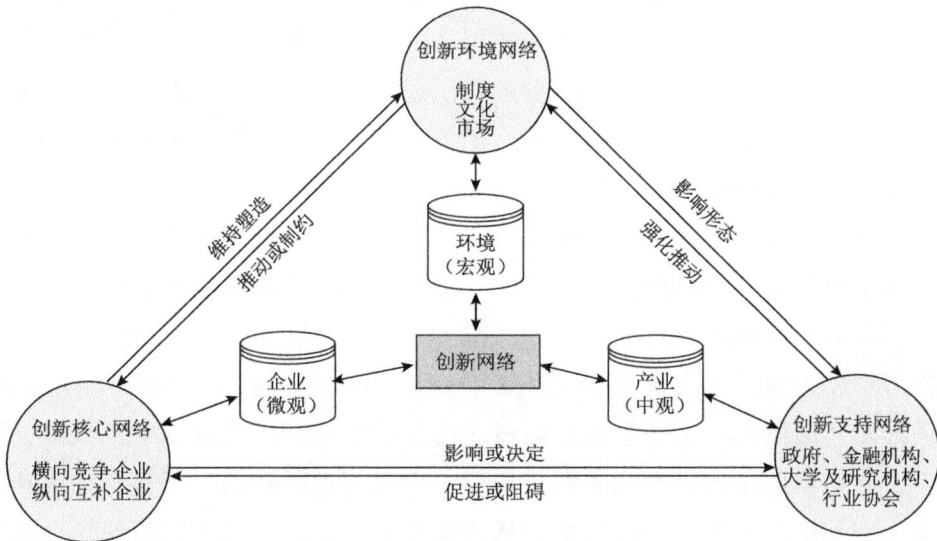

图 5-7　三个子网络的共同演化机制

或决定着创新支持网络的形成，创新支持网络会促进或阻碍创新核心网络的发展；创新环境网络影响着创新支持网络的形态，创新支持网络会强化和推动创新环境网络的发展。三个子网络相互作用，共同促进集群创新网络的整体演化发展。

第一，宏观网络与中微观网络的共同演化。早期的偶然性历史因素对创新网络的发展轨迹具有一定的影响，但是新产业的出现并不完全是由偶然因素造成的（Sunley，2006），也和本地的地方要素、市场要素与制度要素相关。共同演化具有正反馈机制的特征，主要是指内外环境的变化对系统的影响。1980 年以前，在现有的地方因素、市场因素与制度因素的影响下，牛仔服装制造加工企业被新塘本地所选择，建立了不同于传统农业的新的发展路径。创新环境网络塑造创新核心网络并维持其发展，从而影响创新网络的形态结构。

文化环境影响着牛仔服装产业的横向竞争企业合作创新网络的发展。新塘镇民风淳朴，本地的居民具有开拓精神与创业热情，且本地居民之间存在良好的人际关系，可以作为侨乡与华侨之间紧密的情感纽带。20 世纪 80 年代初开始，牛仔服装产业逐渐在新塘发展起来，很多新塘本地居民利用与港商的亲戚关系，合作办厂。本地居民之间也在现有的社会关系网络的基础上交流与学习，促进了牛仔服装产业集群的出现，稳固了创新核心网络的发展，使得创新核心网络的同行企业之间的网络主要建立在血缘、业缘等基础上，进而影响了创新网络的结构与发展动向。牛仔服装产业的发展机遇，使得新塘本地的居民大量从事相关的领域，积极创业，开拓市场，扩大企业规模，以获得新的更好的发展。

市场环境影响牛仔服装产业的纵向互补企业合作创新网络的形态结构。与新塘牛仔服装制造纵向互补企业联系最紧密的行为主体就是客户，客户是企业得以继续发展的决定因素。20 世纪 80 年代新塘牛仔服装产业发展以来，其销售市场主要是以大批量的国外订单为主，到 2000 年后，牛仔服装的销售市场开始转向国内，很多企业开始做国内订单。在国外的订单中，也出现了由一开始的欧美市场扩大到非洲、东亚、中亚等地的现象，销售市场也开始分化为中、高、低端不同的层级。从整体来看，企业通过不断拓展与寻找新的市场与客户，促进了纵向互补企业间的网络联系。2010 年后，在信息技术的影响下，新塘牛仔服装企业出现大量的网络销售的现象，主要为中小型企业，这次由实体销售转变成线上网络销售，也是新型市场的拓展，增进了企业与个人客户之间的联系，促进了营销网络联系的复杂化，成为新塘牛仔服装制造企业的一种新的发展路径。市场环境影响了纵向互补企业合作创新网络的结构与发展轨迹，市场的多空间尺度决定了创新核心网络也具有多空间尺度的特征。

　　制度环境的变化会改变集群创新网络的"遗传"与"自然选择"的环境。演化经济地理学不仅强调历史、偶然事件对社会经济发展的作用，还强调制度因素的重要性，技术和制度是区域发展重要的"历史载体"。在新塘牛仔服装产业发展的 40 多年里，各级政府颁布的政策对牛仔服装产业的发展具有重要的作用，影响着产业的空间布局与发展方向。制度的变化分为本地政府到中央政府等多个层级的变化。全国制度的变化对新塘牛仔服装产业的发展具有重要的作用，如 20 世纪 70 年代末的改革开放政策。新塘本地的制度创新，如从 20 世纪 80 年代的积极鼓励港资进入新塘并与港商合作，到 20 世纪 90 年代注重对洗水等环境污染的治理，再到 2000 年后逐渐引导牛仔服装产业向"品牌化"转变、积极规划产业园区、支持企业参加展会、在新塘举办"牛仔节"，均促进了牛仔服装产业向高端化、品牌化转变，也促进了新塘牛仔服装产业集群创新网络的变化。首先，影响了企业的行为，新塘牛仔服装企业在政府制度的指引下，选择区位，调整发展策略，整治污染问题，增加了政府与企业之间的联系；其次，鼓励企业与大学、设计中心合作，促进了创新支持网络的发展；最后，增加了本地企业与外界之间的联系，让本地企业走出新塘，走出中国，以获得更好的发展。

　　第二，微观企业网络与中观产业网络的共生共栖、共同演化，不能缺少企业主体的支持与影响，产业集群本身就是一种共生系统。创新核心网络构造并决定了创新支持网络的特征，并维持与塑造了创新环境网络。创新核心网络即集群企业之间所形成的网络，其演化过程就是基于社会关系网络的横向竞争企业合作创新网络不断增强、纵向互补企业合作创新网络不断扩大的过程。在集群形成前期，合适惯例的企业被环境所选择，这些被选择的少数企业获得成功后，就会吸引当地企业家的模仿，开始生产相关的产品，且成功企业的发展路径也会被模仿。随后，技术与市场的不确定性促进了早期的牛仔服装制造企业在大敦村的集聚，企业基于本地的社会关系网络有利于减少企业的投资风险，获得创业机会。特别是衍生企业，会集聚在母企业周边，以获得市场与技术信息。企业数量的增多、空间上的集聚，促进企业网络联系的增强，创新核心网络开始建立。

创新支持网络是创新核心网络的辅助网络，完整的创新支持网络的形成稍晚于创新核心网络。在创新网络的演化过程中，创新支持网络促进或阻碍创新核心网络的发展，并推动创新环境网络的发展。但是部分主体一直伴随着创新核心网络的产生与发展，如新塘政府，在牛仔服装产业发展最初，就充当着重要的角色，引导和组织企业的发展，21世纪初的产业区的规划促进了大学、研究机构、金融机构以及集群外相关企业之间的合作。政府既是创新支持网络重要的主体，也是创新环境网络中制度的主要制定者，影响着制度环境的形成。同时，政府的行为也影响着市场的变化，从而影响创新核心网络的发展。如2017年颁布的关停洗水企业的政策，对新塘牛仔服装制造企业的发展影响很大，由于洗水企业的搬迁，牛仔服装制造成本增加，与其他区域的牛仔服装产品相比，会丧失竞争力，销售市场会因此而紧缩，部分成本较高的企业则会逐渐退出新塘，而产业链的断裂导致本地产业发展的优势逐渐丧失，影响创新网络的稳定发展。行业协会在日常活动中，积极协调创新核心网络与其他网络主体之间的关系，探索国内外市场，组织展会，是创新核心网络与创新环境网络之间的黏合剂。

第三，集群创新网络共同演化的发展路径。根据路径依赖理论，网络一旦形成就会沿着一定的路径发展演进，很难被其他潜在的甚至更优的路径所取代（黄凯南，2008）。新塘牛仔服装产业集群创新网络的发展经历了萌芽期、结网期、成长期与发展期共四个阶段，子网络中创新核心网络的形成与发展最早，其次是创新支持网络的演化，创新环境网络一直贯穿集群创新网络演化发展的始终，成为影响集群创新网络演化的重要因素。

三个子网络间的共同演化遵循路径依赖，可能存在两种发展结果（图5-8）。第一种是保持现有的三个子网络的共同演化的现状。新塘牛仔服装产业集群创新网络经过40多年的发展，主要以创新核心网络中的纵向互补企业合作创新网络发展为主，即以产业链上下游的企业联系最为紧密。在制度政策的影响下，同行企业之间的创新联系仍然较弱，创新支持网络中的大学及研究机构与企业主体间的创新联系虽然有所增强，但是受到创新资源主要来源于客户的路径依赖的影响，发展速度缓慢。因此，目前的新塘牛仔服装产业集群创新网络整体上创新联系较弱，创新能力有待提升。这种创新联系模式会阻碍集群创新网络的持续发展，从而进入"路径锁定"阶段，容易导致集群创新网络走向衰落，本地创新主体数量下降，主体间的创新联系减弱或减少。第二种结果是在现有集群创新网络发展的基础上，促进本地同行企业的创新合作，增加创新核心网络与创新支持网络之间的创新联系，特别是促进官产学研网络的发展，打造新塘牛仔服装产业集群创新网络发展的新路径。

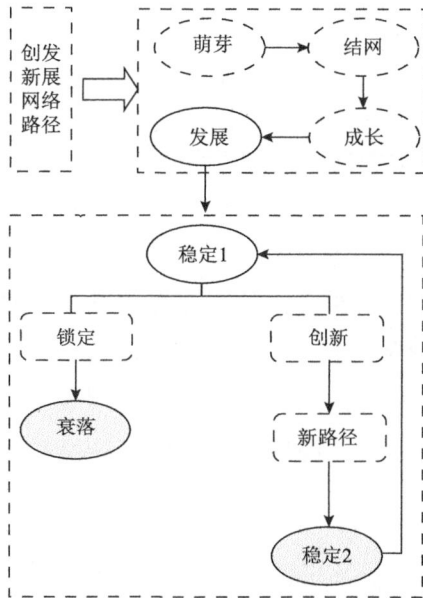

图 5-8　集群创新网络共同演化的发展路径

第6章 高新技术产业集群创新网络演化实证研究：广州生物医药产业集群案例

6.1 集群创新发展概况

6.1.1 集群创新发展现状

6.1.1.1 广州生物医药产业发展概况

广州医疗资源位居全国前三，也是中国医药、医疗产品的主要集散地，生物医药发展基础实力较强。在过去的 20 年，广州生物医药企业数量持续上升，占全市工业企业的比重逐步提高（图 6-1）。截至 2022 年 11 月，广州生物医药领域相关企业共有 825 家，其中，提供技术、检测等相关服务的企业占比最大（68%），生物制品及制药次之（13.5%），医药原材料（11.5%）所占比例也较高，医疗器械（5.8%）所占比例相对较低。广州医药行业已逐步形成了以中药、化学药和特色保健品为主的行业结构。

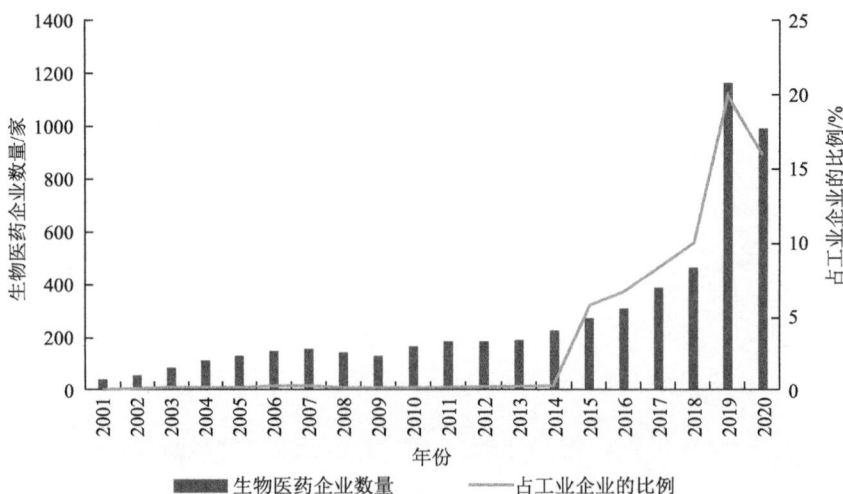

图 6-1　2001—2020 年广州生物医药企业数量及其占工业企业的比例
资料来源："企查查"网站；2002—2021 年《广州统计年鉴》

随着近年来生物技术在医药行业的成功应用，广州不断涌现围绕生物医药产业的技术研究、医疗检测、诊断治疗、产业管理等服务类企业，形成了以中国科学院广州生物医药与健康研究院、中山大学、暨南大学等为代表的专门进行生物医药研究的科研力量。改革开放 40 多年来，在广东获批的 1 类 20 种新药中，广州医药企业研发的占比达到 40%。主要新药研发企业包括广州白云山制药股份有限公司、广州华生基因工程有限公司、广州莱泰制药有限公司、广东天普生化医药股份有限公司、广州南新制药有限公司等。

6.1.1.2　广州生物医药产业集群阶段划分

1998 年，广州举办首届中国留学人员广州科技交流会，吸引了欧美高端人才落户广州。这次交流会，被誉为"中国海外留学人员交流第一品牌"。生物医药人才、信息、技术等资源随着此次交流会进入广州医药行业。同年，广州华生基因工程有限公司与深圳市华生元基因工程发展有限公司共同研发的外用重组人表皮生长因子衍生物，成为广州第一个由生物医药企业研发的 1 类新药。2000 年，广州官洲岛获准立项建设成国际性的生物技术研究及生产基地，并被命名为"广州国际生物岛"。2002 年，广州开始出现与生物医药直接相关的专利通过申请，相关论文发表增速超过 50%。自 2003 年起，广州不断有生物医药相关的企业成功上市，新生企业增速翻倍。

2006 年，广州经济技术开发区被国家发展和改革委员会认定为"国家生物产业基地"，广州生物医药创新网络粗具规模。2007 年，生物医药上市企业利润整体呈上升状态，生物医药创新成果开始显现。2008 年发布的《珠江三角洲地区改革发展规划纲要（2008—2020 年）》中提出，加快建设深圳国家高技术产业创新中心、华南新药创制中心、广州国际生物岛等重大创新平台。2010 年，《广州市人民政府办公厅关于加快生物医药产业发展的实施意见》出台，《广州市人民政府办公厅关于促进生物产业加快发展的意见》印发。密集的政府文件颁布，体现了广州生物医药产业地位的提升，获得的外部资源进一步丰富，并朝着政策引领的道路发展。同年，生物岛首支生物医药产业基金成立。2011 年，生物岛正式"开岛"运营招商；广州医药集团有限公司投资建设的 2500 亩[①]生物医药城落户广州白云区。2012 年，《广州市战略

---

① 1 亩 ≈ 666.7m^2。

性主导产业发展资金管理暂行办法》提出，生物医药产业是重点支持的产业之一。同年，"中国留学人员广州科技交流会"首办广州生物医药投融资论坛。政策、资金投入、创新产出的飞跃，反映了广州生物医药产业进入了一个新的阶段。

2013 年，生物岛被授予"'广州光谷'光生物医学专业集聚区"称号。同年，广州市生物医药相关的专利、论文、新生企业数量激增，总量均超过前两年同期数量的总和。利润呈上升状态的企业逐渐增加，增速明显。生物医药产业的规模、创新成果及总体活跃程度由此急速提升。2015 年，生物岛一、二、三期标准产业单元被授予"国家级众创科技企业孵化器"称号。2016 年，广州市上市企业数量大幅增长，利润增加的企业达 19 家，近半企业成果突出。2017 年、2018 年，广州市依次出台直接针对生物医药产业的政策与文件。

回顾广州生物医药产业从起步到快速增长的发展历程，总体可分为以下三个阶段。

（1）第一阶段：1998—2005 年。此阶段的生物医药产业呈点状逐步发展，新药、专利、论文等创新成果从无到有，数量较少；企业成立、上市总量不多，增速缓慢；生物技术专业园区还在建设阶段。

（2）第二阶段：2006—2012 年。此阶段为稳步成长阶段，以 2006 年的突破为节点，该时期广州生物医药产业集聚形成，大量支持性政策文件涌现。政府、企业加大对生物医药产业的投入，相关专利成果总量持续增加。该阶段主要特征为政策引导、平稳提升，但相关文件缺乏针对性。产业相关要素趋于齐全。

（3）第三阶段：2013—2018 年。产业集群特征明显，并获得专业性荣誉称号。产业各要素爆发式增长，多个与生物医药直接相关的实施性文件出台。但由于该时期企业作为创新主体的能力仍较弱，创新网络的结构不稳定，合作创新成果与上海、北京、山东等地区之间仍有较大差距。

6.1.2 集群合作环境与支撑

6.1.2.1 推动创新合作的政策与投资环境

推动广州生物医药产业集群创新合作的环境要素主要为相关政策的出

台与各类资本的投入。截至 2018 年 9 月，广州出台的与生物医药产业直接相关的政策有五个。

（1）《广州市生物医药产业发展五年行动计划（2017—2021 年）》明确三项补贴：①对重大新药、创新医疗器械的补贴；②对药品上市许可持有人和受托生产基地建设的资金支持；③高端人才引进的补贴。

（2）《广州市加快 IAB 产业发展五年行动计划（2018—2022 年）》[IAB：新一代信息技术（information technology）、人工智能（artificial intelligence）、生物医药（biopharmaceutical）]从人才、土地、资金等要素出发，支持各主体创新、产业园集聚发展、行业深度融合，促进专业的技术研发平台建设，为企业、高校、研发机构提供不同比例的资助。

（3）《广州市加快生物医药产业发展若干规定（试行）》的内容包括：①对自主研发和产业转化项目分阶段提供支持；②资金支持重要的公共服务平台建设，对本市生物医药企业提供服务的单位进行奖励；③鼓励和支持生物医药企业在本市建设生产厂房和办公用房；④给予常年有进出口业务的生物医药相关单位一定的海关便利与优惠，资金支持本市生物医药企业拓展国际业务。

（4）《广州市生物医药产业创新发展行动方案（2018—2020 年）》的内容主要为：①对生物制药、现代中药、高端医疗设备及生物医用材料、检验检测及体外诊断产品、干细胞与再生医学五个子行业予以重点支持；②支持龙头企业收购、兼并或重组上下游企业，形成一体化的企业集团，支持企业建立专业孵化器和特色产业园区；③重点强化干细胞再生医学协同创新平台、生物制药中试生产平台、岭南中药资源库和药物筛选平台、高端医疗器械创新平台、生物科研众包服务和生物材料快速通关服务平台五个关键性支撑平台建设。

（5）《广州市加快生物医药产业发展实施意见》主要围绕如何落实研发创新前、中、后期的补助展开，并出资设立生物医药产业投资基金。

目前广州市关于生物医药产业的优惠、奖励政策较多，但落实政策的具体方式仍需完善。通过企业访谈发现，部分研发企业资金仍然不足，补贴与奖励没有对生物医药产业各子领域进行细分，造成资助不均衡；资金补助类型众多，但限制条件也较多，分批拨款、政策仅针对出台后获得资质的企业、未按期完成任务收回款项等均为企业创新带来负面影响。

6.1.2.2　推动创新合作的平台与服务支撑

截至 2018 年 10 月，广州全市有三甲医院 61 家、具有药物临床试验机构资格的医疗机构 33 家、医学类高校 4 所、生物领域国家级实验室与工程中心 12 家、专业孵化器 13 个、各级重点实验室 158 个、工程技术中心 128 家、企业技术中心 51 家[①]。同时作为创新主体与辅助主体的基础研究平台有中国科学院广州生物医药与健康研究院、广州呼吸疾病研究所、广州再生医学与健康广东省实验室等，该类创新平台为广州生物医药企业提供了众多科研、技术、前沿知识的补充。

随着广州生物医药产业的成长与发展，多个行业联盟于广州先后成立。联盟通过促进企业间的联合与合作，有效提高生物医药产业的创新能力与合作效率，改善创新资源整合不足、创新链和产业链脱节以及产学研结合困难等问题。广州干细胞与再生医学技术联盟成立于 2008 年，致力于提高和直接推进广州地区在干细胞与再生医学技术领域的分工与合作，提高干细胞与再生医学技术的应用及产业化水平，推进干细胞与再生医学技术产业的发展与成果转化。广州生物技术外包服务联盟成立于 2009 年，主要提供生物技术服务和新药研发外包服务。广州市生物产业联盟成立于 2017 年，是综合性的生物领域组织。产业联盟在企业、医院、政府、研究机构等之间起到了较好的桥梁作用，促进合作的产生，提高创新的效率。

具有全方位支撑服务的组织还包括成立于 1990 年的广州生物工程中心，其下分为广州市人民政府生物医药工作组、广州生物技术评估中心、广州生物医药公共服务平台，从事产业研究、市场调研、信息咨询、技术评估、专业交流和成果转化工作；成立于 2005 年的广州医药行业协会，其以广州地区制药工业、医药流通、生物医药、药品辅料、中药饮片、中药凉茶、药品包装材料、制药机械、研究机构等单位为会员，进行行业管理、政策提议、教育培训、项目调研、成果鉴定、信息发布、反映企业要求、执行政府政策等工作。其他专门性组织有广东生物超算与健康产业大数据应用联盟、广东省干细胞与

---

① 资料来源：广州市生物产业联盟内部统计资料。

再生医学协会、首都科技条件平台广州区域合作站、生物驿站等。集成行业信息资源的网络平台包括广州生物医药公共服务平台、广州医药模式动物服务平台、广州生物与健康高性能应用平台、粤港澳台国际药品注册平台等。

6.1.3　集群创新产品与项目

广州市生物产业联盟统计显示，截至 2018 年 10 月，广州市拥有有效国产药品批准 3492 件，主要为化学药与中药，当中的生物制品主要为血液制品和疫苗制品。获批的国产医疗器械注册证 3842 件，主要为 2 类产品和医用卫生敷料、临床检验分析仪器、医用高分子材料及制品等。在生物类新药方面，有广州白云山拜迪生物医药有限公司等 11 家企业申报了治疗性生物制品，当中有 22 项新药、25 项临床、4 项上市；有广州达安基因股份有限公司、赛诺菲制药等 5 家企业申报了预防用生物用品，其中 7 项新药、6 项临床、3 项上市。生物制药的终端创新成果明显较为薄弱，且参与研发的企业较少。

2018 年，广州生物医药领域成功签约与审批的项目较多，其中包括新药临床评价项目、医药研发中心项目、科研创新中心、医学体外诊断、药物生产基地项目、细胞治疗产业化、知识产权保护与交易服务、医疗大数据等。其主体涵盖了企业、高校、政府机构、中介机构、知名科学家等。从签约项目的内容看，从研发到生产、从基础研究到应用研究、从创新到服务等各个环节齐全；从签约主体看，广州生物医药创新网络节点丰富，均在创新链上表现活跃。

入选 2017 年广州市产业领军人才重点项目的团队与人员均来自企业，创业领军团队项目包括新药、疫苗、装备、治疗产品的应用与产业化，创新领军团队的项目大部分为针对某类疾病的新药。其他创新团队共 39 个，其中国家级 8 个、省级 6 个、市级 6 个。其依托的单位有高校、研究院、企业、政府机构，其中高校占比较大（51.3%）。团队主要分布于科学城、高校与研究所内、医院附近。研究方向类型较多，主要集中于基础研究方面。

6.1.4　样本企业创新情况

6.1.4.1　企业调研与问卷检验

通过实地走访，现场发放回收与电子邮箱回收，共计收回问卷 283 份，其中有效问卷 277 份, 有效率为 98%。样本量根据式 (6-1) 计算 (张国友,2003), 广州生物医药企业总数为 1163 家, 总量较少, 且界限尚不清晰, 因而稍调高样本抽取的允许误差值。在双侧检验下, 置信度 95% 时, 统计量 $Z=1.96$, 概率值 P 一般取 0.5。当允许误差为 6% 时, 本研究所需样本量约为 267 份。回收问卷数量高于理论计算的所需问卷数, 达到抽样调查的标准。

$$n = \frac{u_\alpha^2 \sigma^2}{\delta^2} \qquad (6-1)$$

其中, n 为样本量; u_α 为概率度, 置信度为 95% 时, 其值为 1.96; δ 为误差值; σ^2 为总体元素分布方差。

生物医药产业的创新环节较复杂, 主要在基础研究、应用研究环节, 而这两大环节涉及的主体类型多样, 部分检测与评估等中介服务的企业也要参与到技术创新当中。因此, 在选择调研样本时, 按照现有的各类研发创新型企业的数量比例进行问卷发放 (表 6-1)。

表 6-1　各类型企业总量与问卷发放量

企业类型	生物技术服务	生物制品及制药	技术检测与评估	医疗器械	基础研究	医学原料	中药、化学药	中介服务
企业总量/家	314	233	163	140	104	93	70	46
问卷总量/份	76	56	40	34	25	23	18	11

调查问卷数据分析前, 需要先对其进行信度检验, 可检验其可靠性与稳定性。信度检验是通过信度指标克龙巴赫 α 系数 (Cronbach's α coefficient) 的值来衡量的, 系数高于 0.7, 则可认为调查结果具有较高的内部一致性和可靠性。检验可采用统计产品与服务解决方案 (SPSS) 软件中的信度检测完成。导入本调查问卷数据, 计算得出克龙巴赫 α 系数为 0.873, 表明信度系数较高, 随机误差影响相对较小, 问卷数据较为可靠。

实地调研期间共访谈规模不同、研发方向不一的企业 5 家、行业协会 1 个、产业联盟 1 个。样本选择具有典型性和代表性 (表 6-2)。

表 6-2　访谈企业或单位情况

企业或组织名称	受访者职位	访谈日期	访谈时长/分
广州海瑞药业有限公司	研发部总经理	2018 年 10 月 6 日	70
广州医药行业协会	秘书长	2018 年 10 月 6 日	45
广州市香雪制药股份有限公司	副总工程师	2018 年 12 月 18 日	90
广州铭康生物工程有限公司	研发总监，注册总监	2018 年 12 月 18 日	30
广州纳泰生物医药技术有限公司	研发部副总经理	2018 年 12 月 21 日	120
广州帝奇医药技术有限公司	常务副总经理	2018 年 12 月 24 日	180
广州市生物产业联盟	秘书长	2018 年 12 月 30 日	100

6.1.4.2　样本企业基本信息

从样本企业的成立年份可以看出，广州生物医药类企业最早成立于 1973 年，而 2013 年起新企业增速迅速提高，2013—2018 年成立的企业约占总量的 81%。从调查问卷中了解到的样本企业的规模、地位、员工性质等基本情况如下。

首先，在样本企业中，以国内独立企业与国内企业分公司占比最大。进驻园区 2 年以下的独立企业以刚上轨道的小企业居多，而国内企业分公司中已有较多中高级别的企业；进驻园区 10 年以上的企业中，一半以上的独立企业在集群中属于中高级别的企业，约一半的国内企业分公司在集群内已是龙头企业。跨国企业、中外合资企业，大部分为中高级别企业。

其次，超过 70% 的企业员工人数为 50 人以下，超过 500 人的企业仅占 1.44%，小规模企业占有较大比例。

最后，企业员工的总体学历构成为：硕士、博士研究生学历占 14.03%，本科、大专学历占 75.62%，中专及高中学历占 9.4%，初中及以下学历占 0.95%。约 30% 的企业，其研发人员占员工总数的 5%—10%，超过 20% 的企业具有 10%—30% 的研发人员占比。虽然企业的高学历员工占比不大，但处于研发岗位的人员占比仍较可观，说明企业在研发创新上的投入不低，但需要吸引更多的研发人才。

样本企业的经营范围、产业链及研发方面的基本情况如下。

第一，研发、生产、销售一体化的综合型企业占比最大（37.18%），纯研发、纯销售的企业占比次之（16.61%）。这说明目前还有较多的企业以生产、销售的利润来辅助研发创新的顺利进行，这与欧美生物医药发达地区的情况不同。从经营范围看，大部分从事生物制品与制药的企业拥有"研发、生产、销售一体化""研发—生产""研发—销售"的产业链；而从事基础研究、生物技术服务等的企业，在单一研发、生产的产业链上占比较大；化学药企业更多为纯销售企业。

第二，企业新产品核心技术主要源于企业的自主研发（48.01%），其次为引进模仿（14.8%），与客户共同研发（13.72%）或与高校、研究机构合作（7.22%）的占比相对较少，有一部分企业并无核心技术。结合企业在本地与外地建立专门研发机构情况，自主研发、与客户共同研发、与高校或研究机构合作的企业，超过50%拥有本地企业级的研发机构；其中与高校或研究机构共同研发的，占最大比例的是国家级研发机构。在样本企业中，超过60%的样本企业没有在广州市以外区域设立研发机构。随着地理距离的增大，设有研发机构的企业比例逐渐减小。但在港澳台设立研发机构的企业量远低于在国外设立的企业量，这与政策、标准差异以及较多归国华侨回内地（大陆）开办生物医药公司有关。在广东省内开设研发机构的企业，更多是与高校或研究机构合作；在京沪等省外中心城市设立研发机构的企业，以自主研发的企业稍占优势；在港澳台有研发中心的企业，以与客户合作的企业最为突出。这体现了不同形式的研发合作对地理距离、认知距离、组织与文化差距的敏感度不同。

6.2　集群创新网络构成

6.2.1　创新网络构成要素

6.2.1.1　创新主体

广州市生物医药产业集群创新网络的创新主体包括从事生物领域的相关企业、高校与研究机构、医院、相关行业组织与中介机构、投融资平台、政府与媒体等。在创新网络演化过程中，创新主体的类型与数量不断增加，各主体在不同发展阶段的创新参与度、创新能力均有不同。

广州生物医药企业包括生物制药、应用生物技术的化学药与中药制造、生物技术研发、生物制品、诊断与治疗技术、医学原料、基因测序、基础研究、医疗器械与设备、检测与评价等企业。在数量和创新水平上，广州以生物技术研发、生物制品、诊断与治疗技术、基础研究为主的企业较为突出。高校主要有中山大学、暨南大学、华南理工大学、广东药科大学及其他高校的医学院、生物学院。研究机构有中国科学院广州生物医药与健康研究院、广东华南新药创制中心、军事医学科学院华南干细胞与再生医学研究中心以及高校、医院附属的研究所。医院包括广州多家三甲医院。行业组织与中介机构众多，包括行业协会、学会、人才协会、基金会、产业联盟、合同研究组织（CRO）委托平台等。投融资平台以投资公司、基金公司、商业银行为主。政府与媒体的作用在快速发展阶段表现突出，但目前对研发创新合作起主要推动作用的是各类行业组织与中介机构（图 6-2）。

6.2.1.2　创新联系

生物医药创新网络中的创新联系发生于同行企业、不同类型企业之间，企业与高校、研究机构、医疗机构之间，高校、研究机构、医疗机构与各自同类主体之间。既有因企业衍生、人员流动、亲缘或学缘关系、展会等产生的非正式联系，也有签约项目、协会成员、技术外包过程中的正式联系。

广州生物医药产业集群的创新联系呈现出从单一到复杂、从松散到紧密的变化过程，创新联系构成的网络形态逐渐显现。在集群的萌芽期，创新联系仅通过临时性的集群（交流会、展会等）、研发生产过程中的必要交流等渠道产生。生物医药属高新科技产业，初期能进行研发创新的主体很少。该时期，大企业以自主创新为主，为更好地集中资源，设立分支机构专门从事生物医药的开发。高校、医院也以自主创新为主，兼有与其附属机构或公司的研发合作。创新联系多建立在组织内信任的基础上，以非正式联系为主，联系松散且频率低，没有明显的创新联系龙头。在集群的成长期，企业衍生速度加快，企业技术外包增加，不同类型的企业因技术、知识互补产生的正式与非正式创新联系迅速增加。因研发的复杂性，高校增强了与非附属研究机构的交流，并合作产生专利与论文。该时期个体网络较少，整体网络密度非常高。出现了几大企业、高校、研究机构创新联系龙头，其他多个主体主要

	1998—2005年	2006—2012年	2013—2018年
企业	以制药、医疗器械为主，少量检测、医学原料企业	出现较多生物技术企业，生物制品及制药企业增加	生物技术研发企业激增，诊断与治疗、基因与细胞研究企业成为创新主导
数量	约80家	约160家	约1200家
高校与研究机构	中山大学、暨南大学是创新主力，开始出现校办企业	以中国科学院广州生物医药与健康研究院为主导的各类科研院所参与研发创新	高校、研究院所数量增加，成为生物医药领域前沿研究的引领者
行业组织中介机构	广州生物工程中心、广州医药行业协会已成立	细分领域的协会、联盟成立，CRO公司与管理服务组织数量增加	产业、产权、资产管理等多类型服务机构涌现
医疗机构	作为病人、病例提供方，已开始相关科学研究	成为治疗与诊断方面的研发主体	与高校、研究院所、企业的研发合作增加
政府	批准生物技术基地、园区项目申建	开始出台相关政策文件，在多个产业文件中提及生物医药	出台大量直接相关的政策，给予资金、土地、行政便利等支持
投融资平台	以国有银行为主，少量的医药行业基金	银行与少量投资公司等金融机构开始实行生物医药专项借贷优惠	大量生物医药风投公司成立，政府专门基金、社会基金增加
媒体	无	新闻媒体、地产、园区宣传等开始以生物医药为热点	科技论文期刊加入生物产业联盟
研发创新模式	企业独立创新，封闭式研发	出现较多的技术外包	各环节均出现较多的创新合作，开放式创新
产业链	产业链不完整，由几家大企业包揽	产业链复杂化，逐步完善，由不同规模的企业共同完成	各类主体积极参与到产业链的不同环节
年份	1998—2005年	2006—2012年	2013—2018年
阶段	初级萌芽阶段	稳步成长阶段	快速发展阶段

图 6-2　广州市生物医药产业集群创新网络的主体变化

与这些龙头产生双向创新联系。在集群的发展期，企业类型多样化加强，领域细分程度增加，完成一项研发创新可能要与多个企业合作。大量行业组织的出现，使创新主体间的非正式联系更为复杂。企业为获得政府项目资金，或为获得药物发现的前沿科技，与高校、研究机构的联系加强。高校为了让科研成果得以转化，增加了与医院、企业的联系。同类企业仍以竞争关系为主，因未有企业拥有独一无二的技术或产品，该阶段的同类企业一般不需要合作。

从样本企业的问卷信息中可知，目前将近 50% 的企业合作内容为研发创新过程中的技术性合作，其次为人才培养、交流学习等形式的合作（图 6-3）。前者多为不同类型企业之间的正式创新联系，后者多为以行业组织为载体的各类主体的非正式联系。大部分的企业合作模式为签订合同，并以短期的合作或协议居多（51.26%）。这说明目前的创新联系多为正式联系，不固定的合作关系使创新联系不断改变。在今后的合作对象选择上，不同领域的企业有不同的意愿，如图 6-4 所示，越粗的线条代表越多企业选择，除中药制造

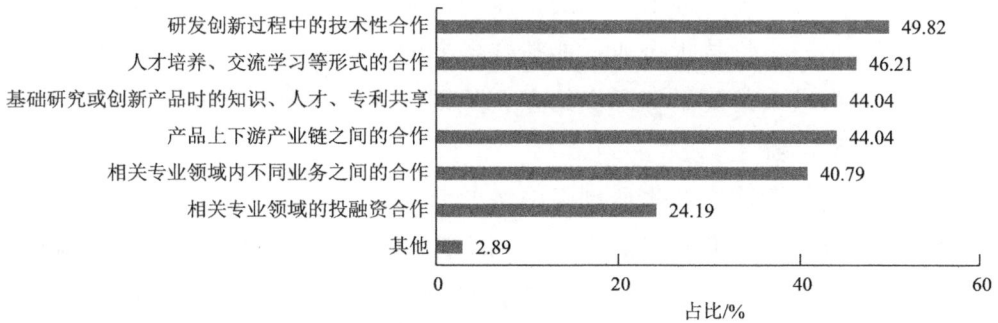

图 6-3　企业创新合作内容占比

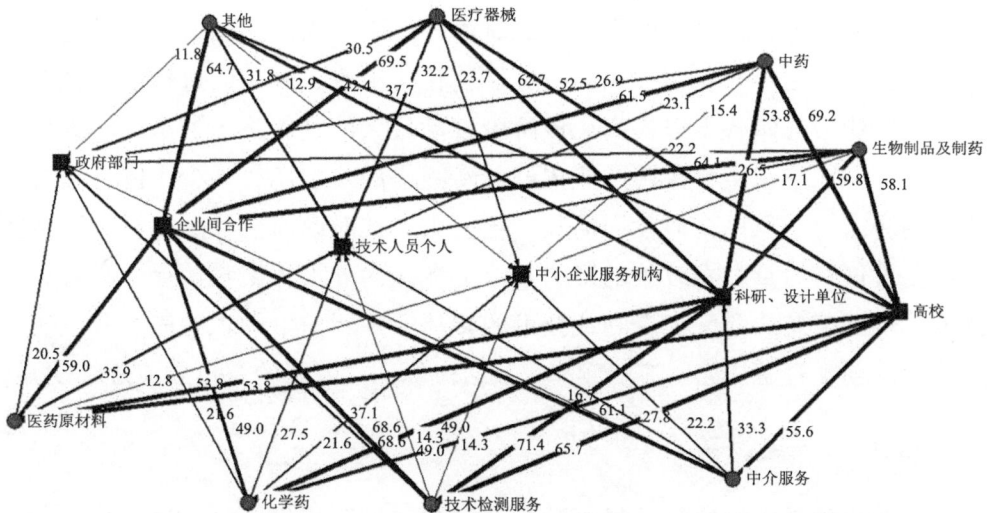

图 6-4　不同子领域企业对合作伙伴的选择

企业更希望与高校合作，化学制药企业更希望与研究机构（包括科研、设计单位等）合作外，其他包括生物制品及制药、技术检测服务、医疗器械等领域的企业均更倾向于企业间合作。这显示出传统的中药、化学药的研发创新需要更多前沿科技力量的支持，生物制药、器械、检测等领域仍处于上升期，更需要技术性的创新联系。

6.2.1.3　创新资源

生物医药产业创新资源包括知识、技术、信息、资金、人才等，通过各种创新活动在创新网络中的流动，推动创新合作成果的形成。在广州生物医药集群内，掌握重要、前沿知识的主体为高校、研究机构；拥有较多技术资源的是众多小型生物技术企业；能整合各方面信息资源的是行业组织、支撑平台；政府为最大的资金资源供给方；关键性人才主要来自归国华侨以及市外引进的专家、院士。

在广州生物医药产业集群创新网络的萌芽期，各类创新资源稀缺，主体的封闭性造成创新资源难以溢出。这一时期的主导资源为信息，通过交流会、展会等得到交换。技术、知识等关键的创新资源多在同一组织中流动。在广州生物医药产业集群创新网络的成长期，新生的小企业多围绕大企业、医院、高校分布，地理距离的靠近有利于资源通过非正式联系得到交换，面对面的交流也更能促进正式联系的产生。此时国外不断有人才回国，带来了先进的知识与技术。在对知识与技术的引进、消化、吸收、利用的过程中，创新主体的创新能力与储备得以提高。该阶段流动最大的是新技术资源，较为欠缺的是资金。在广州生物医药产业集群创新网络的发展期，不少主体已具备一定的创新能力，但医药研发周期长，耗资大，此时政府、社会提供的资金能释放更多创新力量。在政策的影响下，更多国内外人才聚集，促使研发成果激增。供需信息的匹配、专利或技术的转让、国际前沿知识的流入等，使这一时期的创新资源丰富，流动频率高，通过纵向、横向的溢出效应逐渐明显。

6.2.1.4　创新边界

产业集群创新网络的边界可分为"行政区域"边界、"技术区域"边界、"产业区域"边界三种类型（王灏，2013）。网络内的主体、联系不断变化，因而边界也是动态变化的（郑展，2010）。在创新网络发展的不同阶段，网络边界有其自身的特征与范围。创新网络的边界与真实的行政边界不同，具有模糊性。

结合创新网络边界的阶段特征与空间尺度特征，从本地、区域、全球三个尺度探索广州生物医药产业集群创新网络的边界。在广州生物医药产业集群创新网络萌芽期，创新合作较少，主要发生在本地的老牌大企业、知名高校、三甲医院内部。创新要素单一，对外联系较少。因此该阶段的创新网络为本地尺度，网络边界为"行政区域"边界。在广州生物医药产业集群创新网络成长期，生物岛、科学城等生物医药基地粗具规模，同时江浙的生物医药产业趋向成熟。在内外动力的促进下，广州出现了较多外地生物医药企业的分支机构。中外合资企业、外企分支机构也在此阶段开始落户广州，并与广州各类组织形式的企业产生联系。在珠江三角洲范围内，广州生物医药产业集群与深圳联系较为密切，形成了一定的区域创新网络。此时创新要素多样化，网络边界属于"技术区域"边界。在广州生物医药产业集群创新网络发展期，多个中外研发项目签约或成功审批，广州生物医药产业集群向全球创新网络迈进。由于集群整体凝聚力、竞争力还没有突破性增长，此时期的网络边界仍然为"技术区域"边界。

6.2.2　创新网络分层结构

6.2.2.1　创新核心网络

生物医药产业不同于传统产业，其创新合作主要基于知识或技术，进入门槛高。广州生物医药产业集群创新网络围绕其产业链中各个创新环节展开，由上下游的纵向联系与互补的横向联系交织而成（图6-5）。

纵向联系从前端至末端包括基础研究、应用研究、生产、销售、客户购买等环节。由于整个产业链所需人力、物力较大，目前企业只从事某几个或某一个环节的工作。有研发创新的环节为基础研究、应用研究以及部分生产制造。横向创新合作主要针对有研发创新的环节，以技术、知识互补以及供需互补的形式出现。在纵向联系上，基础研究企业，如干细胞、基因研究企业，为应用研究企业提供创新方向；应用研究企业的成果为生产企业提供新

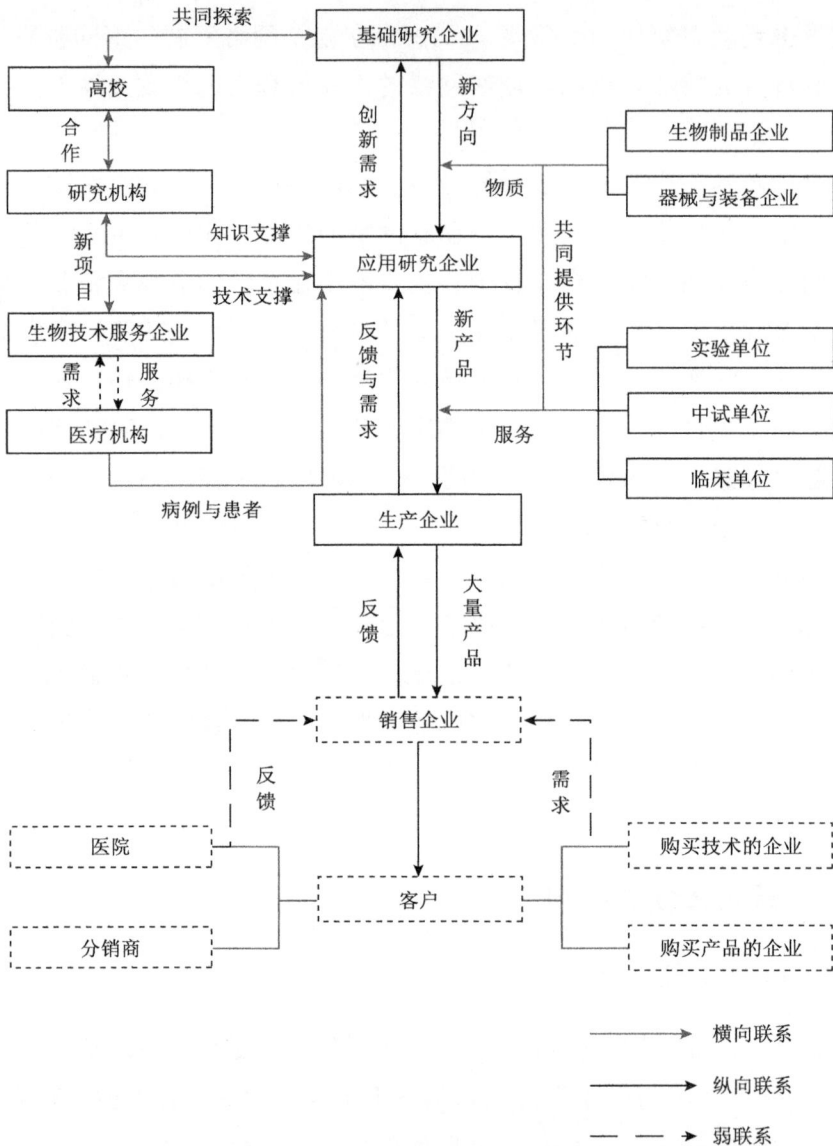

图 6-5　广州生物医药产业链各环节

产品、新技术。反过来，生产企业的需求会对应用研究企业的研发产生影响，
并进一步反映到基础研究企业。因此三者的创新合作通常密不可分。现阶段，
这三大环节在广州生物医药产业集群创新网络中并未实现闭环，部分主体的
上游环节在京、沪地区或国外。在横向联系上，表现为高校、研究机构与基

础研究、应用研究企业共同研发创新；生物技术服务企业、医疗机构协助应用研究、生产企业研发创新。从基础研究到应用研究的过程中，生物制品、器械与装备企业满足了物质需求；在应用研究和生产环节之间，实验、中试、临床等单位满足了服务需求。为适应高技术的生物医药研发，横向互补的主体自身也有创新需求，它们之间也产生创新合作。纵、横联系的交织与叠合，形成了复杂的创新核心网络。

6.2.2.2　创新辅助网络

广州生物医药产业集群的创新辅助网络由辅助企业、非营利组织、辅助的事业单位三大部分组成。辅助企业包括投融资管理服务企业、产业服务企业、检测与评价企业；非营利组织主要包括行业协会、产业联盟、支撑平台、研究机构等；辅助的事业单位包括官方认证与管理机构、医院、高校与政府实验室。

在创新网络的萌芽期，创新辅助网络的主体较少，只有少量的高校、研究机构、医院、行业组织，以及没有完善生物医药认证管理系统的政府机构。此时创新辅助网络表现并不活跃，网络主体相互之间基本没有联系，对创新核心网络的发展只有微弱的推动作用。在创新网络的成长期，创新辅助网络的主体增加，各主体的专业能力提高，能更主动地参与创新核心网络的创新活动。针对性的公共服务平台出现并迅速壮大，为创新核心网络主体的联系提供便利。在创新网络的发展期，各类辅助企业增长迅速，高校、研究机构、医院也开始为生物医药产业创新主体提供专门的物质或服务。行业组织的服务更加丰富，促进合作的作用较强。同时，创新辅助网络内的主体之间也开始有了联系与合作，产生规模效应。

6.2.2.3　创新环境网络

广州生物医药产业创新氛围不及京、沪等地及欧美部分地区，但其创新环境网络基础良好，并在不断优化当中。在创新网络萌芽阶段，众多的医疗机构，为创新核心网络的形成提供基础资源。在创新网络成长阶段，生物园区的投入使用为企业提供了空间环境；计算机、软件、电子等公司的成熟为核心企业提供了跨界的技术与物质支撑；起直接作用的是政府的关注，相关政策的出台使创新核心网络提高了吸引力、增强了凝聚力。在创新网络发展阶段，银行在贷款利息方面给生物医药企业予以优惠，政府给生物医药产业提供大量的资金并支持创新主体合作，特色产业园区数量的增加为集聚提供土地，专门的产业研究公司或组织为产业发展把脉、提供国内外优秀产业集群的案例分析结果等。创新环境网络虽然不直接参与主体的合作创新，但也是创新网络的重要组成部分，为创新核心网络发展提供大平台。

6.3　多维邻近性下的创新合作

6.3.1　企业的合作选择现状

综合分析样本企业的调查问卷数据发现，不同组织形式的企业，在合作对象的类型选择倾向上有一定的差异。国内独立企业选择合作对象时，更倾向与企业合作，其次是研究机构；国内企业分公司对企业、高校有较大的合作意愿；跨国企业、中外合资企业对研究机构的合作意愿最为明显。这说明国内外生物医药企业所处阶段不同，国内企业更需要企业间的相互配合，而国外企业更需要探索前沿的科技。另外，有 57.4% 的企业认为，目前的合作创新效果好，29.24% 的企业认为很好。即现阶段具有较好的企业间合作态势，但仍需继续提高合作效率。合作创新的阶段不同，也会影响企业对合作对象的选择。在思路创新阶段，企业首选合作对象为高校或研究机构，其次为客户。可见前沿知识与客户需求是企业创新的方向来源。在样品研制阶段，仍然有较多的企业选择与高校或研究机构合作，这是由于当前高校、研究机构具备较先进的仪器及大量的实验人员。中试阶段选择技术服务公司的较多，也是较多外包业务产生的阶段。在其他非创新性的合作方面，企业的主要合作对象为客户与供应商，即传统的上下游供应合作关系。

为了更清晰地对比各种邻近性对企业选择创新合作对象的影响，对问卷第二部分中地理邻近性、认知邻近性、组织邻近性影响下的合作选择问题进行整合（表 6-3）。为各选项赋分（1—5 分），邻近性越强，分数越高。在问题 6、7、12 的选项中具体为：选项 A 得 4 分；选项 B 得 3 分；选项 C 得 2 分；选项 D 得 1 分。问题 17 的各邻近性只有一个选项，且是最直接的倾向表达，因而得 5 分。通过熵值法（式 6-2）对各选项的企业选择百分比进行权重得分计算。以各选项所得的选择百分比作为计算的基础数据（表 6-4），最后得出企业在选择合作对象时各邻近性的得分。计算结果为：地理邻近性得分 5.019；组织邻近性得分 5.265；认知邻近性得分 6.288。认知邻近性是当前企业选择合作对象时重点考虑的因素，组织邻近性的作用稍高于地理邻近性。三个邻近性之间的得分差距不太大，说明各邻近性对企业合作的选择均有一定的影响。

表 6-3　邻近性影响下的合作对象选择

问题编号	邻近性	问题内容
6	地理邻近性	选择创新合作对象时，是否优先考虑距离较近的企业？
7	组织邻近性	企业与以下哪类企业或组织联系更密切？
12	认知邻近性	选择创新合作对象时，是否优先选择有相同项目经验或知识水平的企业？
17	综合	选择研发合作对象时，是否考虑邻近性因素的比例分配？

表 6-4　邻近性与创新合作选择的基础数据　　　（单位：%）

邻近性	5分	4分	3分	2分	1分
地理邻近性	20.41	24.91	38.27	9.75	27.08
组织邻近性	30.66	10.11	18.05	9.39	62.45
认知邻近性	48.92	67.15	23.47	7.94	1.44

$$e_{ij} = -k\sum_{i=1}^{n} P_{ij}\ln(P_{ij}) \quad ① \qquad d_j = 1 - e_{ij} \quad ②$$

$$W_j = d_j / \sum_{j=1}^{n} d_j \quad ③ \qquad T = \sum_{i=1}^{n} P_{ij}W_j \quad ④ \qquad (6\text{-}2)$$

其中，n 为指标个数；k 用于确保对数有意义，其取值为 $k = \dfrac{1}{\ln(n)}$，$(0 \leqslant e_j < 1)$；e_{ij} 为第 i 个问题的第 j 个选项经正向处理后的标准化值；P_{ij} 为 j 指标的差异性系数；d_j 为 j 指标的差异性系数；W_j 为第 j 项指标的权重；T 为综合评价值。

（1）地理邻近性。在不同空间尺度下，企业与不同类型的创新合作对象的联系频率不同。地理邻近性程度以园区内、广州市内、广东省内（广州市外其他地区）、国内（广东省以外地区）、国外五个地理距离递增的空间尺度衡量，探索地理邻近性对企业合作联系的作用。研究显示，与园区内、国外主体有密切创新联系的企业占比最少，过高或过低的地理邻近性对创新联系的作用均不大。企业与广州市内的生物技术公司，金融（银行、风险投资机构等）机构具有较高的联系频率；与广东省内（广州市外其他城市）的同行企业、制药企业创新联系强度较大；与国内（广东省以外地区）的其他类型单位的联系最为密切；与高校、研究机构的创新联系多发生在广州市内与广东省内其他城市。企业在技术、知识支撑方面的创新合作，需要一定强度的地理邻近性，这样可以节省交流、实验、成果运输等的距离成本。在横向互补合作、纵向产业链合作方面，因合作时不需要过于频繁的面对面接触，地理邻近性的作用稍有下降。其他类型的单位包括母企业、分销商、客户等，与此类对象的创新联系多基于组织上的联系、目标市场的位置，地理邻近性作用不明显。

　　（2）组织邻近性。组织邻近性包括经济组织（母企业与其分支机构）、社会组织两大层面，涉及的范围较广。企业间的创新合作可能同时受到多种类型的组织邻近性的影响，需要探究哪一类型的组织邻近性最有利于创新。问卷第二部分问题 8，由企业在设定的选项中选择三项并按重要程度排序。依据各选项被排列的位置、被选择的次数以及该选项被填写的总次数，计算每个选项的平均综合得分（式 6-3）。权值由被排列的位置决定，排第一位为3 分，第二位为 2 分，第三位为 1 分。

$$s = \frac{\sum iw}{p} \tag{6-3}$$

其中，s 为平均综合得分；i 为被选择次数；w 为权值；p 为本选项被填写的总次数。

　　分析结果显示，主营业务相同或相类似的合作对象得分远高于其他对象（图 6-6）。这说明对于现阶段广州市生物医药企业而言，经济组织中的市场内供需关联对创新合作对象的选择最为重要，其次是社会组织中的业缘和学缘关系。出自同一集团的分公司或子企业也是较利于合作创新的对象之一。总体而言，经济组织邻近性比社会组织邻近性的重要性明显。另外，问卷还设有"其他"选项，企业受访者可以填写选项以外的要素。有企业认为企业文化、个人观念的吻合比较重要。

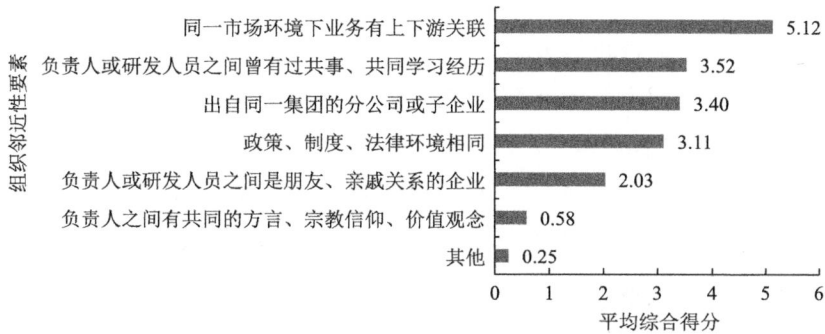

图 6-6　各类组织邻近性的平均综合得分

（3）认知邻近性。认知邻近性通常以企业的技术水平、产品类型，人员之间的学科专业的相似程度衡量。运用与组织邻近性相同的提问及计分方法，来探索认知邻近性中哪些要素更有利于创新。从得分情况看，合作对象为相同学科或专业领域内的企业、创新能力水平相等的企业更有利于创新。即认知邻近性中的专业知识、创新水平是较多企业看重的，企业科研人员、核心技术人员数量也对创新有一定程度的影响。专业领域、创新能力、人员力量在分值上相差不大，说明这三方面要素对创新合作均有重要作用（图 6-7）。

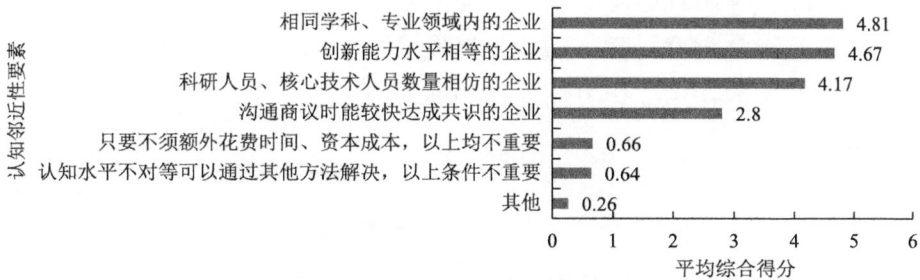

图 6-7　各类认知邻近性的平均综合得分

6.3.2　企业的创新合作变化

在企业合作发展过程中，地理邻近性、组织邻近性、认知邻近性之间会出现替代、互补、共同加强等不同作用的变化。在企业成立初期，各邻近性均对创新有正效应，其中认知邻近性影响最大，互补作用高于替代作用。在企业发展上升期，认知邻近性的作用达到各时期最高，地理邻近性出现负效应；三种邻近性之间的交互作用明显提高，替代作用高于互补作用。在企业发展成熟期，各邻近性的作用均大幅下降，三种邻近性之间的交互作用与成立初期类似。在企业发展衰退转型期，各邻近性作用下降至各时期最低，组织邻近性也开始出现负效应，三种邻近性之间的替代作用几乎为零。在三种邻近性维度中，认知邻近性始终起主导作用，并一直为正效应；地理邻近性与组织邻近性对企业的正效应强度变化不同步，可能存在替代关系。多维邻近性的叠加作用在企业发展衰退转型期突出，表明该时期需要三者同步的适度邻近性，才能继续促进创新合作。

产业集群本身具有一定的地理邻近性，进一步分析地理邻近性与组织邻近性、认知邻近性在企业发展的不同时期对创新效果的交互作用。分析结果显示，约40%的企业认为从企业建立至今，具有较高的组织邻近性、认知邻近性的企业合作效果更好；约30%企业认为初期地理邻近性较重要，后期组织邻近性、认知邻近性的作用逐渐超过地理邻近性。还有约10%的企业认为地理邻近性对企业建立至今的创新效果，始终起重要作用（图6-8、图6-9）。地理邻近性对企业不同时期的合作创新均有影响，但影响的范围不及组织邻近性与认知邻近性。相当一部分企业在成立初期受地理距离的影响大，后期其他邻近性的影响出现超越。受访企业的发展阶段不一，因此难以确定企业的发展阶段是否与集群一致。随着集群发展阶段的演化，多维邻近性对创新联系、创新效果的作用变化方向大体相同。

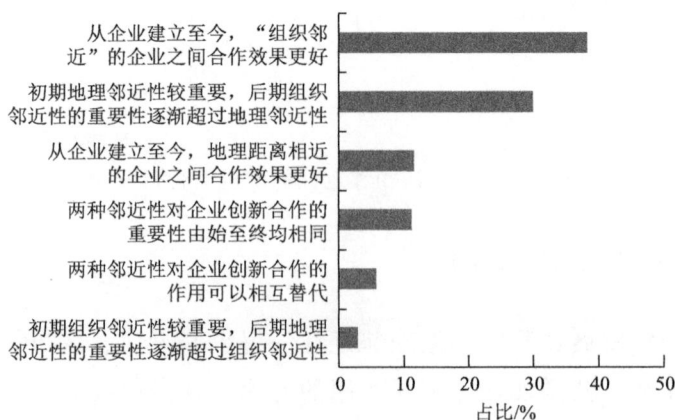

图 6-8　各时期地理邻近性与组织邻近性的作用

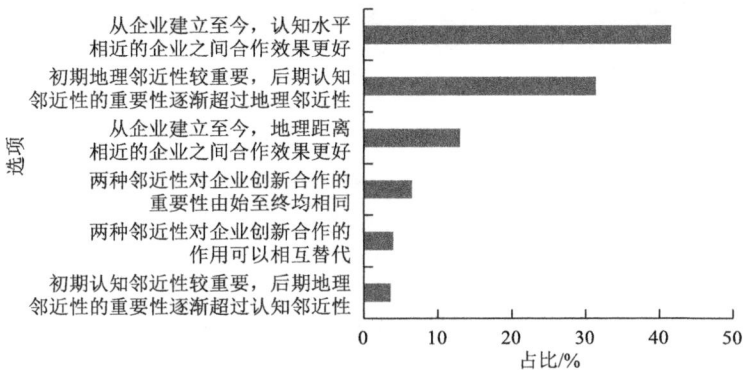

图 6-9 各时期地理邻近性与认知邻近性的作用

6.4 集群创新网络结构演化特征

6.4.1 合作创新成果数量变化

6.4.1.1 合作专利成果

广州市 1163 家生物医药企业中，共有 128 家企业有已获批专利，约占企业总量的 11%，但部分企业的专利内容与医疗医药相关性较弱。从广东省知识产权公共信息综合服务平台中的生物医药与健康数据库获取广州地区全部生物药专利信息，截至 2018 年 9 月 12 日共有 1027 项专利。生物药专利产生的主要主体有中国科学院广州生物医药与健康研究院（394 项）、广州暨南生物医药研究开发基地有限公司（177 项）、中山大学与暨南大学（各 38 项）、广州白云山拜迪生物医药有限公司（35 项）、华南生物医药研究院（32 项）、华南理工大学（27 项）、中国科学院南海海洋研究所（18 项）等。广州市生物药专利由研究机构、高校为主体进行申请，企业参与相对较少。比较 20 年间广州生物医药上市企业获批专利量与生物药专利量，从 2006 年起，上市企业专利量与生物药专利量增速差距逐渐拉大，上市企业专利量远大于生物药专利量，且持续增长。说明新增的大量上市企业，其研发专注于非药物领域。生物药研发成果量增长不明显，且在近年有下降趋势（图 6-10）。

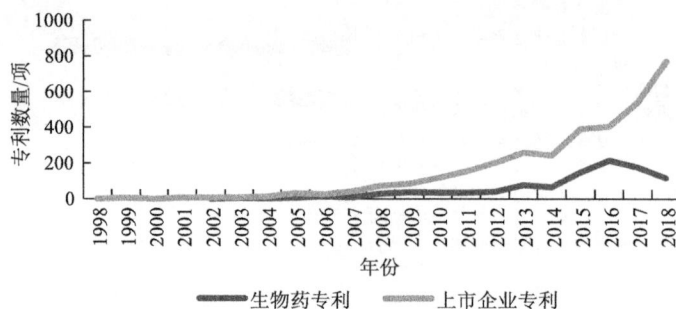

图 6-10　1998—2018 年广州生物医药上市企业专利数量

在获得的专利信息中，约 50% 为新制备方法方面的专利成果，占比最少的是外观设计方面的专利。从创新网络发展的萌芽期至发展期，医疗医药的新制备方法专利占比先降后升，在三个阶段一直占有最大份额；药物新用途的专利占比一直下降，并在发展期降至 3.44%；新药物方面的专利从无到有，在成长期占比最大；医药材料的专利数量直线上升，在发展期与新药物专利数量相当。从专利类型的占比情况看，生物药方面的创新成果增长快，但目前发展放缓；基础研究方面的创新成果一直占据最大的比重，体现了现阶段广州生物医药创新力量的倾斜；医疗用品及制品方面的创新成果在快速发展期增速最大，表现出当前广州市生物医药产业链次要环节的发展势头较高。

"广州生物药前 5 年的发展速度较快，近年出现缓和。要发展快，难度也大，所以会慢慢降下来。但是产值还是比 GDP 增长快，说明生物医药还是一个朝阳产业。"

——某医药行业协会

6.4.1.2　合作论文成果

广州生物医药相关的合作论文具有总量大、类型多样、数量增长快等特点。从中国生物医学文献服务系统中检索 1998—2018 年有广州企事业单位参与的中外文献，选择"生物科学""药物与制品""技术与设备""疾病与病理""医疗保健"五个分主题，共搜索中文文献 101 572 篇，英文文献 3207 篇。

在英文文献中，与生物药直接相关的文献的合作单位多为国内的创新主体。从 101 572 篇中文文献中筛选出合作论文共 39 242 篇，占总量的 38.6%。其中，"生物科学"包括生物技术、基因及细胞研究，"疾病与病理"包括诊断与治疗技术、方法，"医疗保健"包括大健康管理、保健药品等。对其贡献主体的性质进行分类，可分为高校、医院、研究机构、非营利组织（政府机构、行业协会等）、企业五类。

对相关数据进行统计分析，发现生物科学、技术与设备相关的文献量最多，其次为疾病与病理，医疗保健数量最少（图 6-11）。2016—2018 年，药物与制品类文献持续上升。广州生物医药领域的前沿研究逐渐转向生物药物与制品方面。文献创新成果的主要主体为高校与医院，研究机构、非营利组织、企业的贡献度相对较低。高校科研人员、教师，医院医护人员有论文发表指标的要求推动，其发表量总体呈上升趋势。2010 年起，企业的文献贡献量一直稍高于研究机构，说明企业对前沿性、理论性的研究关注度提高。分析五类主体在各类文献中的贡献度占比发现，医院对疾病与病理的文献贡献度达 66%，符合医院自身研究条件的优势。高校在各类文献中，对药物与制品的贡献度最高。企业在技术与设备方面的文献贡献较多，与其实践性经验相关。受科普、宣传等公益性任务的影响，非营利组织在医疗保健类文献的贡献稍突出。

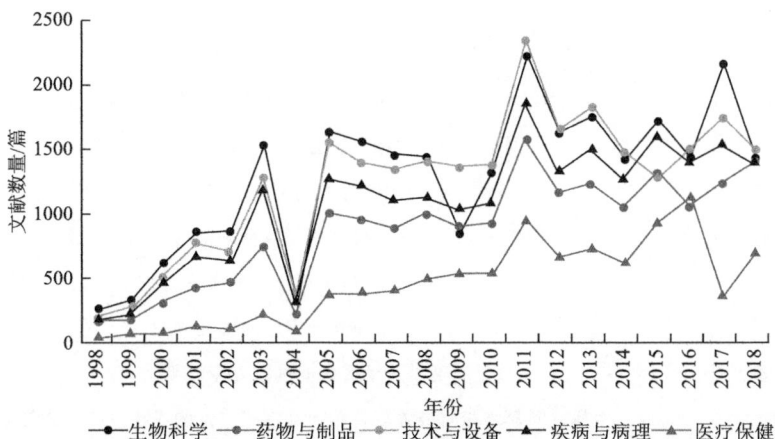

图 6-11　1998—2018 年广州五类生物医药文献数量

6.4.2　不同发展阶段的网络结构演化

6.4.2.1　研究方法与指标选取

生物医药领域所跨专业范围大，科技含量高，产品研发周期长。从研发至专利审批公开所经历的时间较长，广州市从创新网络萌芽期中后段（2002年）才出现生物药专利，并在创新网络成长期的初期（2006年）才出现主体合作完成的专利。因此，只能探究创新网络成长期、发展期内合作专利网络的结果变化情况。前沿研究所产出的文献成果发表时长相对较短，在集群的初级萌芽阶段已出现生物医药相关的合作论文。因此，可进行三个阶段的合作论文的网络结构分析。

结合已有的生物医药创新网络结构研究成果（连远强，2016），运用社会网络分析方法对广州生物医药集群专利与合作论文网络的结构进行刻画和分析。分析工具选用 UCINET 软件，通过多项指标反映其网络结构特征。主要从个体网络研究、整体网络研究、中心度、凝聚子群等四个方面展开，具体指标及其含义见表 6-5。其中，度数中心度、接近中心度、中间中心度的高低存在一定的关联（图 6-12）。

表 6-5　社会网络分析指标含义

指标名称	含义
个体网络	一个个体及与之有关的多个个体构成的网络
整体网络	一个群体内部所有成员之间的关系构成的网络
度数中心度	网络中一个主体与所有其他主体相联系的程度
接近中心度	网络中某一主体与其他主体之间的接近程度
中间中心度	以经过某个主体的最短路径数目来刻画主体重要性
入度	某主体被其他主体指向的次数之和
出度	某主体指向其他主体的次数之和
结构洞系数	两个行动者之间的非冗余联系
凝聚子群	主体之间具有相对较强、直接、紧密、经常的或积极关系的集合
中间人	居于两个以上中间位置的主体

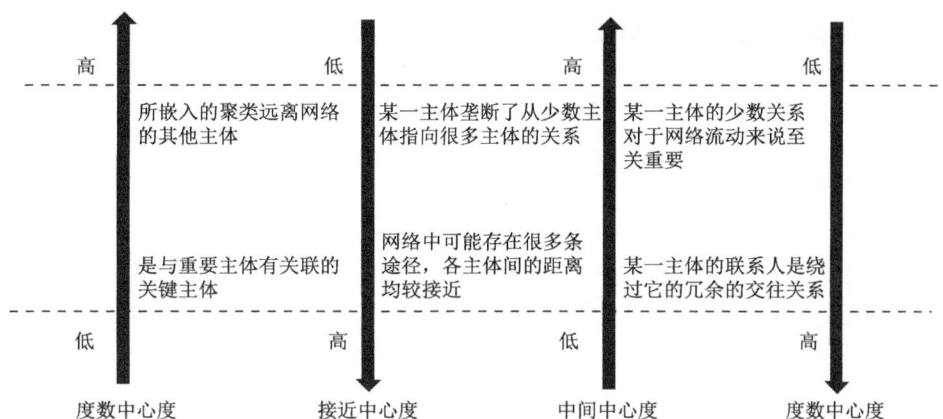

图 6-12　三种中心度之间的关系

6.4.2.2　初级萌芽阶段的网络结构

初级萌芽阶段的专利成果以创新主体单独完成为主，合作网络尚未形成。此阶段生物医药相关的合作论文共 15 篇，形成了初级的合作创新网络（图 6-13）。依据创新主体性质，将该阶段的创新主体划分为企业、高校、研究机构与服务平台四类，以不同颜色和形状区分。用可视化图形的大小来衡量单位中心势的高低，代表主体的图形越大，其在该集群中的中心势越强。用连接主体线条的粗细来衡量中心度的出度，线条越粗表示其出度越高，也说明相连接的两个主体之间合作频率较高。

整体的合作论文网络包含了 9 个子网络，其中 8 个子网络仅有两个创新主体，不能成为子群。以广州生物工程中心为合作中心的子网络有 5 个创新主体，均为高校与研究机构。联系程度最强的是广东省医学情报研究所与广东燕塘生物化学药业有限公司。创新网络中，出现了佛山、深圳、上海等外地的创新主体，说明广州生物医药产业集群创新网络从萌芽期起就嵌入了区域创新网络当中。从网络结构分析中可知，创新网络初级萌芽阶段合作论文数量较少，合作频次低。较多的两两合作形成了大的结构，信息、知识交换相对较慢，流动范围较窄；整体网络密度低，中心度不显著。出度与入度的最高值均出现于作为平台支撑的广州生物工程中心，创新核心网络与创新辅助网络的界限尚未清晰。该时期生物医药在广州仍属于前沿领域，能掌握该领域科学知识的主体太少，具有信息整合、数据统计、技术外包服务的综合服务平台能起到关键的知识传播作用。高校与研究机构是科学前沿探索的主要载体，因而在创新网络初级萌芽阶段该类主体所占比例较大。

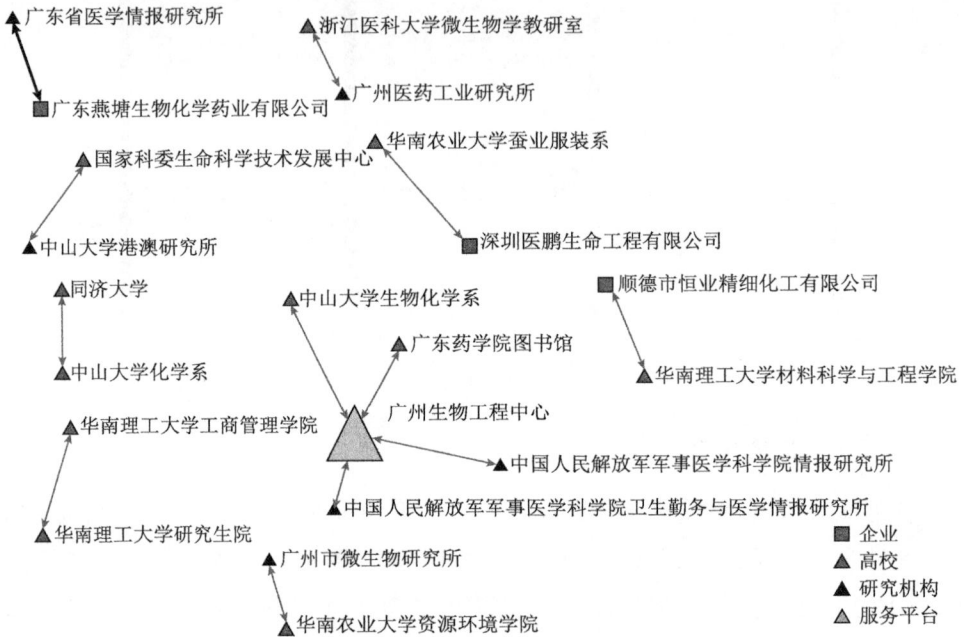

图 6-13　初级萌芽阶段广州生物医药合作论文网络结构

6.4.2.3　稳步成长阶段的网络结构

1）合作专利创新网络的结构特征

筛选生物医药专利数据，对 2006 年至 2018 年 9 月已公告的 66 项生物药合作专利进行阶段划分，其中稳步成长阶段（2006—2012 年）共 21 项。依照专利合作者的性质，将其分为企业、高校、研究机构、医院等四种类型。合作专利网络中，全部创新主体均为创新核心网络内的主体类型。合作专利网络的形成稍滞后于合作论文网络，在集群的稳步成长阶段才具备合作创新网络形态（图 6-14）。

在稳步成长阶段的合作专利网络中，中心势最大的是中国科学院广州生物医药与健康研究院，与其联系强度最大的是正大天晴药业集团股份有限公司，其次是中国科学院华南植物园。该网络中有 6 个子网络，其中 5 个子网络为企业、高校、研究机构之间的产学研合作。该网络由 13 个本地创新主体、6 个外地创新主体构成。与合作论文网络不同，合作专利网络嵌入全国性的创新网络,合作主体以北京、江苏等生物医药产业发展相对成熟区域的企业或研究机构为主。本地的创新力量主要集中于中国科学院、中山大学及其下属分支机构。企业专利量占总合作量的 38%,其中广州企业占全部企业的 37.5%,企业合作创新的主导能力稍弱。该时期整体网络密度较低,度数中心度相对较高,结构洞有缩小的趋势。同时,出现某一创新主体垄断了网络中合作关系的情况,具有最强创新力量的主体会成为"中间人",获得更大的竞争优势。

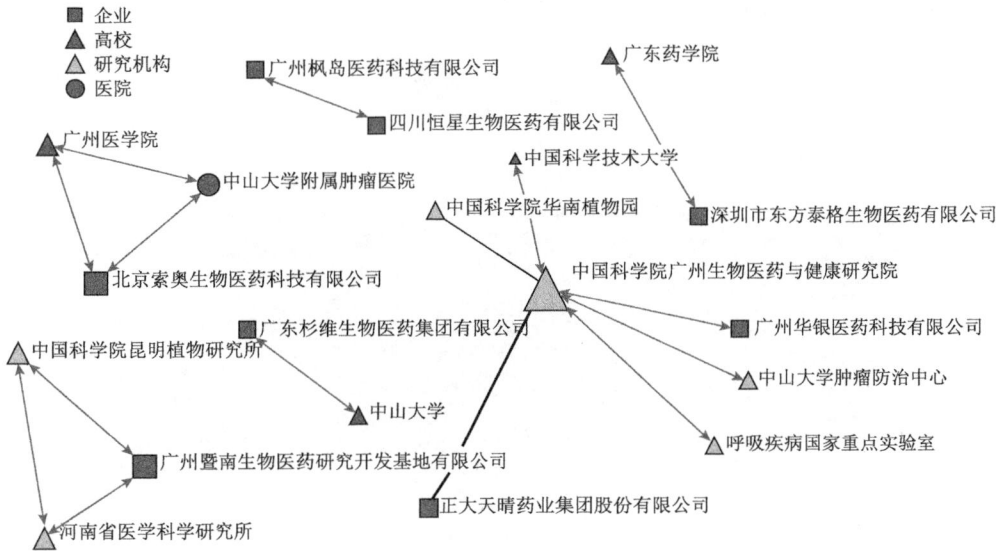

图 6-14　稳步成长阶段广州生物医药合作专利网络结构

2) 合作论文创新网络的结构特征

由于稳步成长阶段的合作量大(共 19 570 篇合作论文),因此选择阶段始末两个年份的结构网络图显示该阶段的变化特征。该阶段的合作主体增加了医院、政府机构、个人三种类型,服务机构基本不起直接的合作创新作用。主体间的关系从简单的两两关系变为复杂的多重关系,网络内的知识、信息流动更快更便捷。网络的整体形态与上一阶段相比,节点增加,联系的复杂度与强度均有较大的提高(图 6-15)。

此阶段,合作主体数量与合作频次激增,个体网络数量迅速减少,结构洞的数量与规模急剧下降。该时期的整体网络密度持续上升,主体间距离减少了 45%,凝聚子群数量也从前一阶段的 1 个增加至 58 个。最强的中心势从研究机构转变为高校,以中山大学、暨南大学、南方医科大学、广州医学院为最密集的合作中心。合作主体以本地为主，但与外地的合作逐渐增加，合作对象以江、浙两省的医院、高校为主。在创新主体中，医院的合作参与度不断提高，合作的医院数量也不断增加。企业数量增加，但仍未成为较高的中心势。这说明稳步成长阶段的生物医药概念已广泛普及，与医疗医药相关的行业反应度最高，速度最快。从网络结构图（图 6-15）中可见，高校与其附属的医院合作频次最高，不同高校、不同医院之间的联系较弱。这说明该阶段主体间的组织间距离靠近，合作更为频繁。

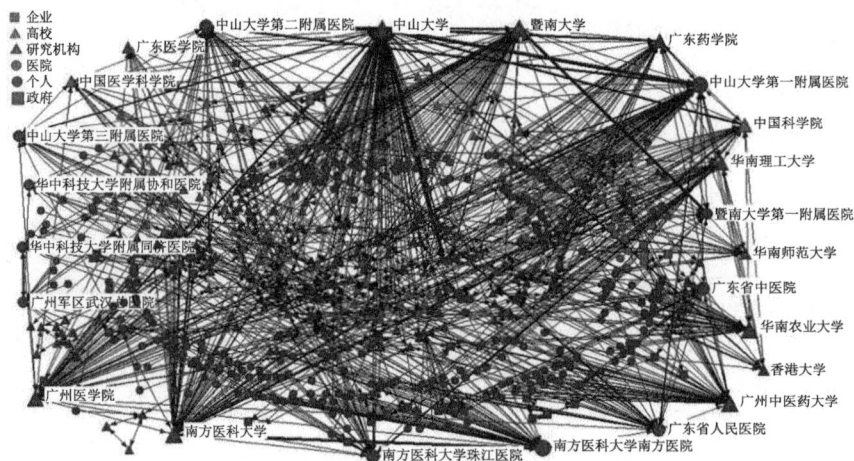

a） 2006 年广州生物医药领域合作论文网络结构

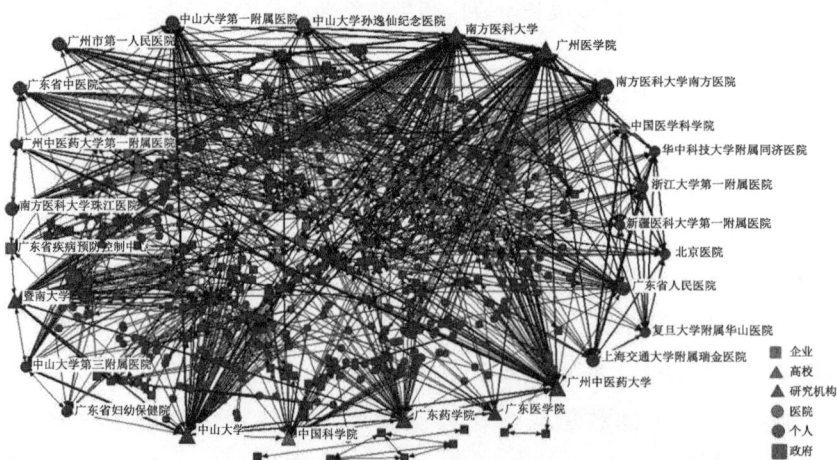

b） 2012 年广州生物医药领域合作论文网络结构

图 6-15　稳步成长阶段广州生物医药合作论文网络结构（文后附彩图）

6.4.2.4　快速发展阶段的网络结构

1）合作专利创新网络的结构特征

快速发展阶段（2013—2018 年）共有合作专利 45 项，合作主体在数量、类型上均比上一阶段有大幅提升。企业单独的发明专利数量较少，在合作专利中的占比大于其他类型的创新主体，但以外地企业为主。在快速发展阶段，企业在合作专利中的占比有所下降，但广州企业的占比上升至 62.5%。说明广州本地生物医药企业创新力量开始提升，创新合作程度也逐渐加强。该阶段医院的参与度也有所提高，且仍以高校附属的医院为主。中心势最强的仍然是中国科学院广州生物医药与健康研究院，与其合作的主体数量有所增加，一对多的多元联系增加。除原有的创新合作中心外，本时期出现了新的活跃子群。该子群由广州白云山拜迪生物医药有限公司、南方医科大学南方医院、东莞市长大生物科技有限公司等主体组成，它们之间的联系强度较大，表明网络逐渐出现新的创新中心力量（图 6-16）。

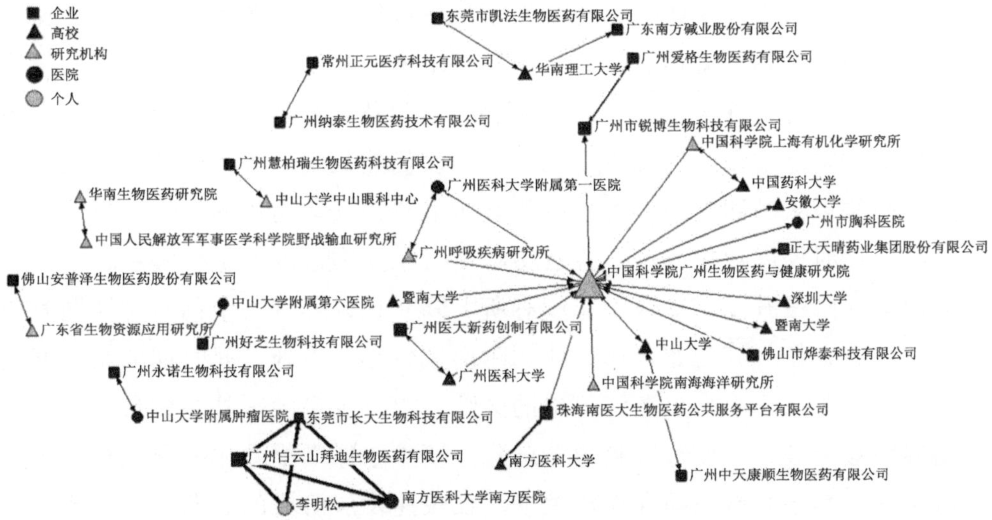

图 6-16　快速发展阶段广州生物医药合作专利网络结构

本阶段，合作专利网络的个体网络规模迅速增大，主体间距离增加了 60%，凝聚子群数量增加。不断有创新主体并不选择加入原有的网络，而是建立新的合作联系。网络整体的凝聚力、中心势有较大幅度的提高，表现出在新联系不断增加的情况下，规模较大的个体网络仍然持续扩大。主体间结构洞系数最高值提高了三倍，但系数平均值有小幅度下降。由此可见，随着创新网络的发展，网络整体的信息冗余联系逐步减小，信息流动更快。从度数中心度、接近中心度、中间中心度的值及三者的组合关系看，中间中心度较高，说明网络中有某一创新主体与其他众多主体有密切关系。新嵌入的主体远离网络的其他主体，网络"中间人"力量有被减弱的趋势，网络向多中心发展。

2）合作论文创新网络的结构特征

快速发展阶段共有合作论文 19 659 篇，这一阶段形成了复杂的网络结构。为了更清晰地呈现本阶段的合作情况，选取阶段始（2013 年）末（2018年）年份的网络结构图显示该阶段的变化特征（图 6-17）。创新合作中心仍为南方医科大学、中山大学、广州医科大学（原广州医学院）等本地高校，其次为相关高校的附属医院。主体网络附近开始出现结构复杂的个体网络，网络整体进入新的发展阶段。

在创新网络中，主体数量与合作频次急速攀升，但各类型主体的占比基本不变，企业的参与度稍有提升。整体网络密度趋于稳定，个体网络数量缓慢上升，结构洞规模继续缩小，"中间人"竞争优势减弱。有强中心势的主体数量较前一阶段增多，医院占比最大，高校仍然是中心势强度最高的主体。但原中心势最大的四大高校的入度值有所下降，其他高校的合作力量逐步提升。结合该时期度数中心度、接近中心度、中间中心度的组合关系，中间中心度较前一阶段升高，度数中心度有所下降。这说明网络中创新主体同时与多个主体有合作，其与非合作主体的距离也较小。另外，此时期的高入度主体中出现了北京、上海、浙江等地的医院，也有少量的国外高校参与，本地网络界限被突破，合作范围趋向全球化。新生个体网络并非完全脱离已有的中心网络，与中心网络间存在弱关联。在快速发展阶段的后期，网络密度、中心势、度数中心度均有小幅度下降，说明合作网络在急速发展后，逐渐趋于稳定，并开始形成新的结构特征。

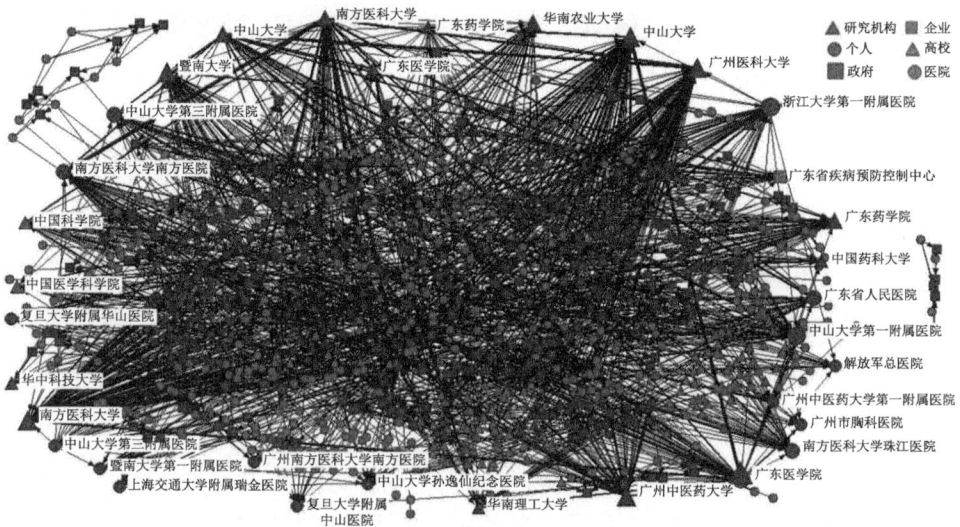

a）　2013 年广州生物医药领域合作论文网络结构

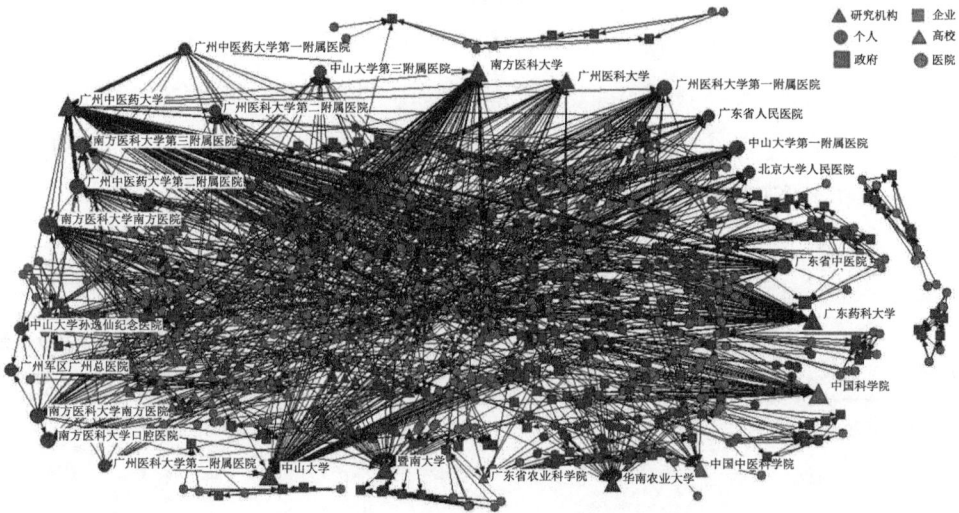

b）　2018 年广州生物医药领域合作论文网络结构

图 6-17　快速发展阶段广州生物医药合作论文网络结构（文后附彩图）

6.4.2.5　网络结构的总体演化特征

合作专利网络两个阶段的演化特征为，研究机构增速不大，但影响力强；企业、高校、医院的参与度快速提升，但合作与联系的频率仍较弱；整体网络从较紧密转向松散，主体间信息流动速率缓慢提高；网络中心主体的凝聚力不断提高，但整体上从垄断关系转向多元关系。合作论文网络三个阶段的演化特征表现为，合作创新先集聚于服务平台，后集聚于本地高校；网络结构从多个体网络、低网络密度、大结构洞、单集聚中心发展为少个体网络、高网络密度、高中心度、小结构洞、多集聚中心。在快速发展阶段个体网络再次出现，网络进入新一轮的发育周期。

对比而言，合作专利网络的发展较滞后于合作论文网络，在整个生物医药产业的初级萌芽阶段尚未结网，目前网络密度较低。在快速发展阶段，合作专利网络以本地网络为主，企业的参与度较高；合作论文网络的外部性增强，创新主体以各高校附属的医院为主。综合合作专利网络、合作论文网络的结构演化特征，广州生物医药产业集群创新网络刚开始形成了主体类型少、联系方式单一、主体间距离大、信息联系冗余严重等的结构特征，后逐渐发展为整体密度高、中心势强、联系方式丰富、上下级合作频率高的，以高校、研究机构占较大比例的创新网络；从稳步成长阶段转变为快速发展阶段时，广州生物医药产业集群创新网络经历了主体及其合作频次急剧提升到缓慢回落的过程，表现出高密度稳定、子网络再次增加、多主体间联系的网络结构特征（表6-6）。

表 6-6　各阶段网络结构特征

创新成果	阶段	密度	个体网络中心度	结构洞	主体间距离	子网络数量/个	联系方式	主体类型数量/个	中心主体类型
合作专利	初级萌芽	—	—	—	—	—	—	—	—
	稳步成长	低	一般	大	缩小	6	单一	4	研究机构
	快速发展	一般	较高	一般	增加	9	较丰富	5	研究机构
合作论文	初级萌芽	低	一般	大	缩小	9	单一	4	服务平台
	稳步成长	较高	高	小	缩小	3	丰富	6	高校
	快速发展	高	较高	较小	增加	6	丰富	6	高校

6.5　多维邻近性与合作创新网络结构演化

6.5.1　模型构建与指标选取

6.5.1.1　测度方法

参考多维邻近性与电子信息产业集群创新的研究成果（李琳，2014），建立结构模型进行测度。通常通过回归分析研究要素之间的关系，但该方法必须保证自变量之间保持独立性，数据呈正态分布。对本书数据进行检验发现，网络结构与部分邻近性数据出现共线性，且均不为正态分布。因此选用结构方程模型（structural equation modeling，SEM），该方法的测量模型具有可同时处理多个因变量、允许自变量与因变量之间有误差、能同时估计因子间的结构与关系等优点。结构方程中的测量方程见式（6-4），该方程用于描述潜变量与指标之间的关系。结构方程见式（6-5），该方程用于反映潜变量之间的关系。公式中字母代表的含义见表6-7。

$$x = \Lambda x\xi + \delta; \quad y = \Lambda y\eta + \varepsilon \tag{6-4}$$

$$\eta = B\eta + \Gamma\xi + \zeta \tag{6-5}$$

表 6-7　结构方程字母含义

字母	代表含义
x	外生观测变量
y	内生观测变量
ξ	外生潜变量
η	内生潜变量
Λx	外生观测变量在外生潜变量上的因子载荷矩阵
Λy	内生观测变量在内生潜变量上的因子载荷矩阵
δ	外生观测变量的误差项
ε	内生观测变量的误差项
B	内生潜变量之间的关系
Γ	外生潜变量对内生潜变量的影响
ζ	结构方程的残差

6.5.1.2　结构模型

采用偏最小二乘回归分析法（PLS）作为模型的参数估计方法，并通过
Smart-PLS 软件进行计算。构建三种邻近性对网络结构的影响模型，模型一
用于分析三种邻近性对网络的独立影响效应（图 6-18）；模型二在模型一的
基础上增加了地理邻近性分别与另外两种邻近性的连接，用于分析地理邻近
性的中介效应及其对认知邻近性、组织邻近性的影响（图 6-19）；模型三在
模型一的基础上加入了邻近性的交互项，用于分析邻近性之间的相互作用
（图 6-20）。正式分析前对数据进行标准化[式（6-6）]，对模型进行信度检验、

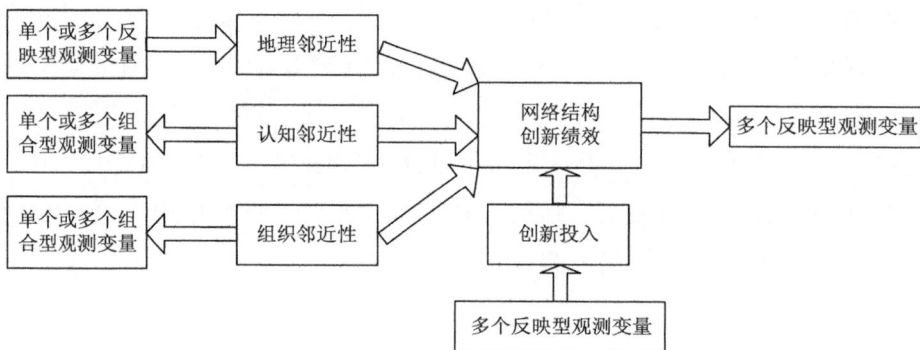

图 6-18　结构方程模型一

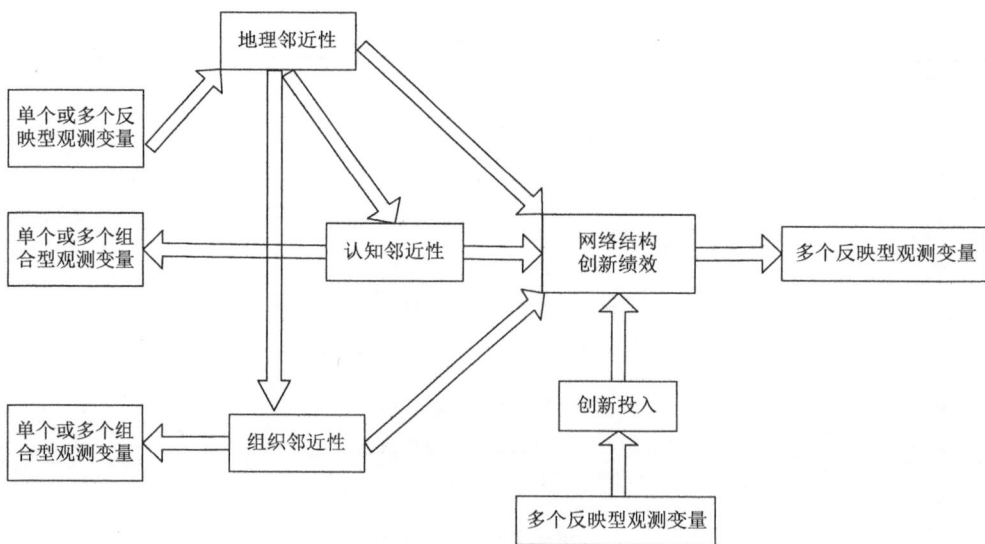

图 6-19　结构方程模型二

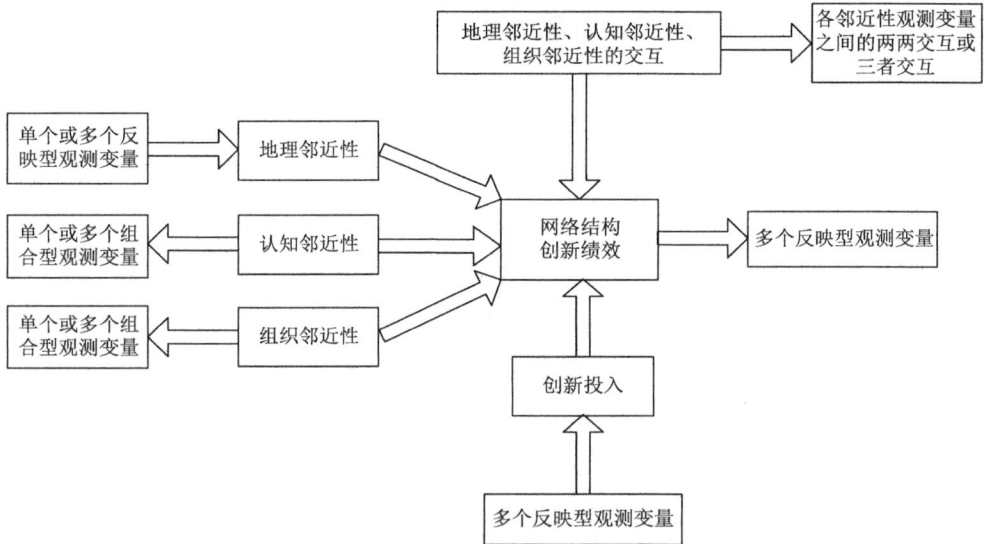

图 6-20　结构方程模型三

效度检验、外部模型参数检验、内部模型参数检验，检验模型是否可接受以及模型的有效程度。分析后得出 PLS 结果输出图、潜变量与观测变量之间的关系、潜变量与潜变量之间关系的计算结果。

结构模型中，潜变量的测度有反映型和组合型两种。反映型是潜变量的外在反映，观测变量之间可能存在相关性。组合型是共同组成潜变量的显变量，即两个观测变量共同组成潜变量，观测变量之间没有相关性。这在结构模型图中显示为，潜变量箭头指向反映型观测变量，组合型观测变量指向潜变量。

min-max 标准化方法是对原始数据进行线性变换。设 minA 和 maxA 分别为属性 A 的最小值和最大值，将 A 的一个原始值 x 通过 min-max 标准化映射成在区间[0，100]中的值 x'。经过上述标准化处理，原始数据均转换为无量纲化指标测评值，即各指标值都处于同一个数量级别上，可以进行综合测评分析。

$$\hat{A}_{ij} = \frac{A_{ij} - \min(A_{ij})}{\max(A_{ij}) - \min(A_{ij})} \times 100; \quad \hat{A}_{ij} \in [0,100] \quad （6\text{-}6）$$

6.5.1.3　指标选取

建立结构模型后，确定其潜变量的观测变量指标，用以描述网络结构、创新投入、地理邻近性、认知邻近性、组织邻近性等五个方面的变量。观测变量的指标中，网络结构的三项指标均正向表示网络的紧密程度。其中，平均结构洞有效规模指对整体网络进行结构洞分析后，各个主体获得的有效规模值的平均值。由于专利单位有相当一部分为广州市以外或广东省外的主体，通过物理距离测度会有较大的偏差，采用名义地理邻近性进行间接测度能避免实际距离带来的影响。名义地理邻近性是用虚拟数值的形式来表示合作专利产出单位所在的区域的，在广州市同一区内赋值为 5，同在广州市不在同一区赋值为 4，同在广东省不在广州市赋值为 3，同在国内不在广东省赋值为 2，专利单位在国外赋值为 1（考虑临时地理邻近性）。认知邻近性通过各主体产生的专利内容相似度来测量，采用产业结构相似系数（式 6-7）衡量其邻近性程度，即单位之间产生的专利类型相似度越高，认知距离越近。工业结构相似系数由联合国工业发展组织提出，原用于测度地区间工业的相似性，系数为 0—1（王文森，2007）。组织邻近性通过观察合作单位之间是否存在内部层级关系来确定，将其关系数加总，总量越大距离越近。创新投入会对网络结构的发展产生一定的影响，因而作为参考变量列入。由于专利创新主体属性多样，非上市企业难以获得其创新投入情况，因此以广州市的生物技术享受免税额和生物医药相关政策数量替代（表 6-8）。

合作论文潜变量指标与合作专利网络相同，其认知邻近性潜变量的观测变量由各合作单位的论文内容相似性组成，同样采用工业结构相似系数方法进行预处理。将论文按“生物科学”“药物与制品”“技术与设备”“疾病与病理”“医疗保健”进行分类。从图 6-17 中可见，众多高校与其附属的医院之间存在一定的纵向组织邻近性，同时也出现了如广东省疾病预防控制中心等强中心势的主体。该类主体与创新量最大的医院和高校之间具有横向的信息交流关系，它们之间并非认知水平上的对等或需求，而是在同一个领域内，通过对方获得或传播知识与信息，因而可看作横向组织联系。纵向组织邻近性与横向组织邻近性共同组成合作论文网络的组织邻近性的观测变量，是组合型观测变量（表 6-9）。

$$S_{ij} = \frac{\sum(x_{in} \times x_{jn})}{\sqrt{(\sum x_{in}^2)(\sum x_{jn}^2)}} \tag{6-7}$$

其中，i 和 j 表示两个区域；x_{in} 和 x_{jn} 分别表示部门 n 在区域 i 和区域 j 的工业结构中所占的比重；S_{ij} 为 i、j 两区域产业结构相似性系数，其值为 0—1，S_{ij} 值越大，表示两区域产业结构越相似，若 S_{ij} 的值为 1，则两区域产业结构完全相同，若 S_{ij} 的值为 0，表示两区域产业结构完全不同。

表 6-8　合作专利结构模型的观测变量指标

潜变量	观测变量	代码
网络结构	整体网络密度	N_1
	度数中心度均值	N_2
	平均结构洞有效规模	N_3
地理邻近性	名义地理邻近性	G
认知邻近性	专利内容相似度	C
组织邻近性	纵向组织邻近性	O
创新投入	广州生物技术享受免税额	I_1
	生物医药相关政策数量	I_2

表 6-9　合作论文结构模型的观测变量指标

潜变量	观测变量	代码
网络结构	整体网络密度	N_1
	度数中心度均值	N_2
	平均结构洞有效规模	N_3
地理邻近性	名义地理邻近性	G
认知邻近性	论文内容相似性	C
组织邻近性	纵向组织邻近性	O_1
	横向组织邻近性	O_2
创新投入	广州生物技术享受免税额	I_1
	生物医药相关政策数量	I_2

6.5.2　初级萌芽阶段的多维邻近性效应

6.5.2.1　结构模型检验结果

1）独立效应检验结果

通过 Smart-PLS 软件相关算法分析，检验模型一的内、外部结构的构建情况以及模型的解释能力是否达到可信要求。先对反映型变量进行信度检验，确定其观测变量是否具有足够的反映能力。结果显示，指标的克龙巴赫 α 系数均大于 0.6，属于可接受范围；地理邻近性的值高于 0.7，表明其可信度较高（表 6-10）。所有变量的组合信度值大于 0.5，即总体通过检验，基本能反映潜变量的情况。在效度检验方面，对模型变量进行平均提取方差值（AVE）计算，各变量的效度值均大于 0.5，整体效度良好。其中，地理邻近性、认知邻近性的效度较高，组织邻近性的效度偏低，但仍在可接受范围内。

表 6-10　合作论文网络三个阶段模型—信度检验

潜变量	代码	克龙巴赫 α 系数值	组合信度
创新投入	I	0.68	0.70
地理邻近性	G	0.99	0.99
网络结构	N	0.88	0.73

注：组合型变量没有该项值，下同。

基于合作单位的数据量，采用 Bootstrap 再抽样方法。地理邻近性、认知邻近性的观测变量仅有一个，不需要参与此项检验。初级萌芽阶段的 I_2（生物医药相关政策数量）的外部载荷低于 0.7，且其外部权重的 T 统计量较低；N_1（整体网络密度）在此阶段的外部载荷仅有 0.67，同样不符合反映标准（表 6-11）。把以上不能通过检验的观测变量去除，再次检验，获得了较好的检验结果。其他反映型变量均在 95% 以上或 99% 以上的概率下通过检验。

表 6-11　初级萌芽阶段结构模型—外部载荷与外部权重的 Bootstrap 检验

潜变量	观测变量	外部载荷	T 统计量	外部权重	T 统计量
网络结构	N_1	0.67	9.68**	0.56	7.34*
	N_2	0.98	11.07**	0.79	14.24*
	N_3	0.99	12.02**	0.64	7.57*
创新投入	I_1	0.97	13.09**	0.67	17.30*
	I_2	0.62	13.56***	0.40	5.61*
组织邻近性	O_1	0.69	13.16**	−0.52	5.77**
	O_2	0.79	10.42**	0.52	7.83**

注：*$P<0.1$，**$P<0.05$，***$P<0.01$，下同。

内部模型参数检验显示，创新投入对论文网络结构的影响为较高的正效应，但其显著性不高。初级萌芽阶段的组织邻近性、认知邻近性对网络结构具有负效应，组织邻近性的负效应最强。地理邻近性在 99% 的可信度下，对网络结构有正效应（表 6-12）。网络结构的解释能力 R^2 为 0.835，远超于 0.5 的标准，说明结构模型较优。

表 6-12　初级萌芽阶段模型一路径系数的 Bootstrap 检验

项目	初始样本	样本均值	标准差	T 统计量
创新投入→网络结构	0.50	0.48	0.07	7.22[*]
地理邻近性→网络结构	0.13	0.11	0.06	3.32[***]
组织邻近性→网络结构	−0.66	−0.59	0.05	4.45[**]
认知邻近性→网络结构	−0.13	−0.12	0.06	6.41[***]

2）中介效应检验结果

对反映型变量的潜变量进行信度检验，结果显示组合信度均高于 0.7 的标准（表 6-13）。检验结果表明，地理邻近性的观测变量反映能力更强，创新投入的观测变量的反映能力相对较弱。对各潜变量进行效度检验，其 AVE 值全部高于 0.5，表明结构变量具有较好的聚合度。

表 6-13　初级萌芽阶段结构模型二信度检验

潜变量	代码	克龙巴赫 α 系数	组合信度
创新投入	I	0.68	0.71
地理邻近性	G	0.99	0.99
网络结构	N	0.88	0.73

对模型二的内、外部结构进行 Bootstrap 检验，结果表明，外部载荷与外部权重的结果与模型一差异不大，创新投入的外部载荷显著性与组织邻近性的外部权重显著性有所提高。在内部模型参数检验方面，初级萌芽阶段的 T 统计量高于标准值，创新投入显著性较低，说明在新模型下创新投入的作用不明显。地理邻近性对认知邻近性、组织邻近性的直接作用均在 95% 的概率或以上得到证实（表 6-14）。

表 6-14　初级萌芽阶段模型二路径系数的 Bootstrap 检验

项目	初始样本	样本均值	标准差	T统计量
创新投入→网络结构	0.50	0.48	0.02	8.17
地理邻近性→组织邻近性	−0.16	−0.15	0.06	9.25**
地理邻近性→网络结构	0.13	0.12	0.07	7.66*
地理邻近性→认知邻近性	0.77	0.75	0.09	7.27***
组织邻近性→网络结构	0.67	0.59	0.07	8.44**
认知邻近性→网络结构	0.14	0.13	0.07	9.21**

3）交互作用检验结果

模型三的交互作用分析是通过两步法进行的，其外部模型、各变量的检验与模型一相同，此处只需要对外部结构模型进行检验。从 Bootstrap 检验结果来看，初级萌芽阶段模型三通过检验（表 6-15）。模型三产生的路径系数在 95%以上的概率下显著，初级萌芽阶段的邻近性交互路径显著性达 99%以上，说明加入交互项后，该阶段模型的结构良好。模型三中，创新投入、地理邻近性的路径系数变化较大，并呈下降趋势，即在交互互补效应中，地理邻近性的补给作用可能较弱。对三种维度邻近性的两两交互模型进行检验发现，交互项加入模型后，路径系数的显著性均达到标准，可对其进行分析。

表 6-15　初级萌芽阶段模型三路径系数的 Bootstrap 检验

项目	初始样本	样本均值	标准差	T统计量
创新投入→网络结构	−0.61	−0.58	0.10	6.08**
地理邻近性→网络结构	−0.07	−0.06	0.07	4.33**
组织邻近性→网络结构	−1.10	−1.07	0.16	8.75**
认知邻近性→网络结构	0.11	0.09	0.05	6.99**
邻近性交互→网络结构	0.43	0.42	0.06	7.05***

6.5.2.2　模型结果分析

1）独立效应结果分析

输出结果显示，在生物医药产业处于初级萌芽阶段时，合作论文网络的特征主要由结构洞显示。该时期网络的整体密度变化不大，主体间联系较少，结构洞系数的降低有利于信息传播，从而促进更多合作的形成。此时，地理邻近性起到了弱的正向推动作用；而认知邻近性太近，反而不利于新概念的传播；组织邻近性的负效应较强，该时期的组织邻近性表现为以上下层级的纵向组织邻近性为主，组织内封闭创新，阻碍合作产生。正效应最大的是大背景下的创新投入，即政府对生物技术的免税额度。由于对新生事物敢于尝试的主体不多，经济上的支持能保证主体利益，从而促进合作创新（图 6-21）。

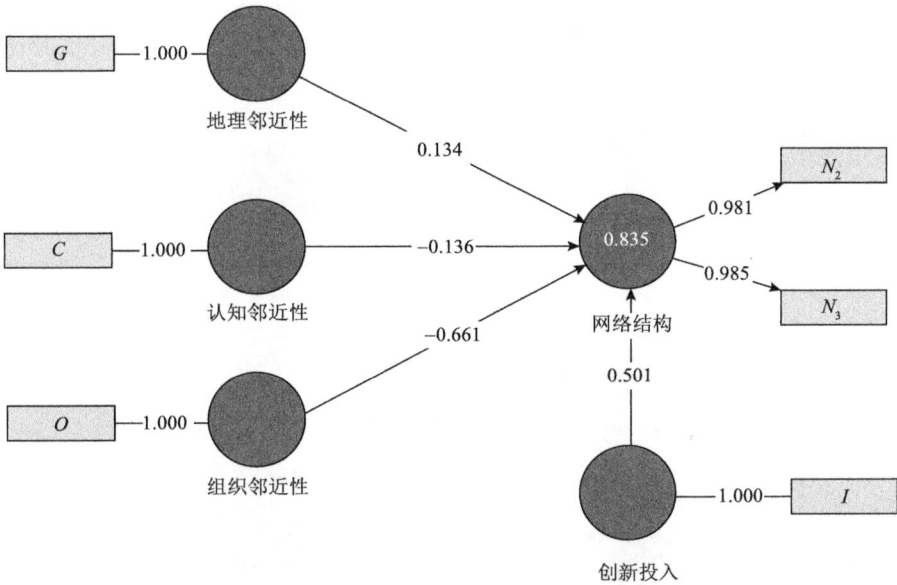

图 6-21　初级萌芽阶段合作论文网络模型—PLS 结果输出图

2）中介效应检验结果分析

初级萌芽阶段结构模型二输出结果的路径系数显示，地理邻近性在对网络结构产生较低的正效应的过程中，对认知邻近性有较高的正效应，对组织邻近性具有相对较低的负效应。模型二的 R^2 为 0.835，与模型一相同，即地理邻近性并未通过其他邻近性对网络结构产生中介效应（图 6-22）。此阶段地理距离的靠近有利于缩短认知距离，但对主体间形成上下级纵向关系的作用并不大。在生物医药产业仍未进入大规模研发阶段时，地理邻近性所促进的知识溢出尚未能提高实际的合作创新能力。初级萌芽阶段溢出的知识、技术与模仿较为容易掌握，反而会使一个地理范围内的创新主体在获得新知识后独立完成初级阶段的创新。

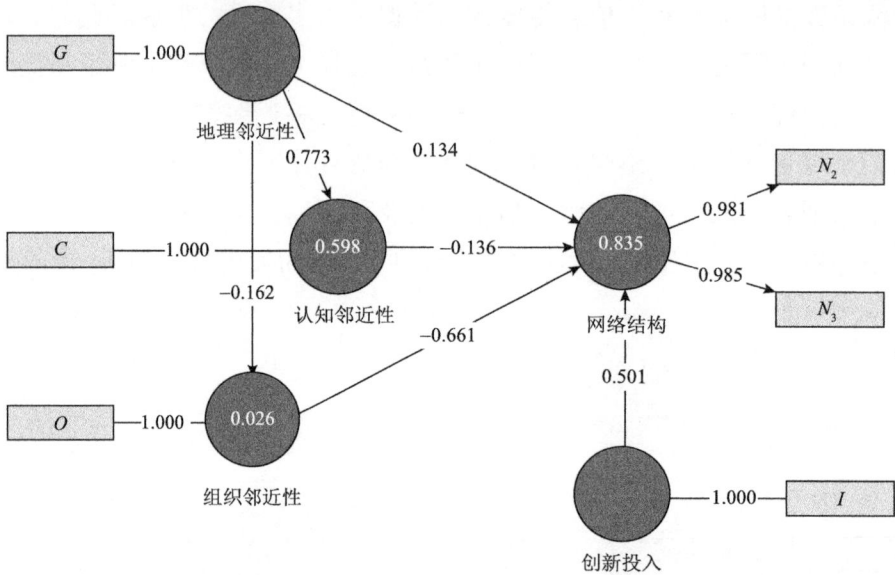

图 6-22　初级萌芽阶段合作论文网络模型二 PLS 结果输出图

3）交互作用检验结果分析

产业集群的初级萌芽阶段，模型的解释度从 0.835 提高至 0.915，调节效应为 0.07，属于低度与中度之间（图 6-23），模型结果的可信度更高。邻近

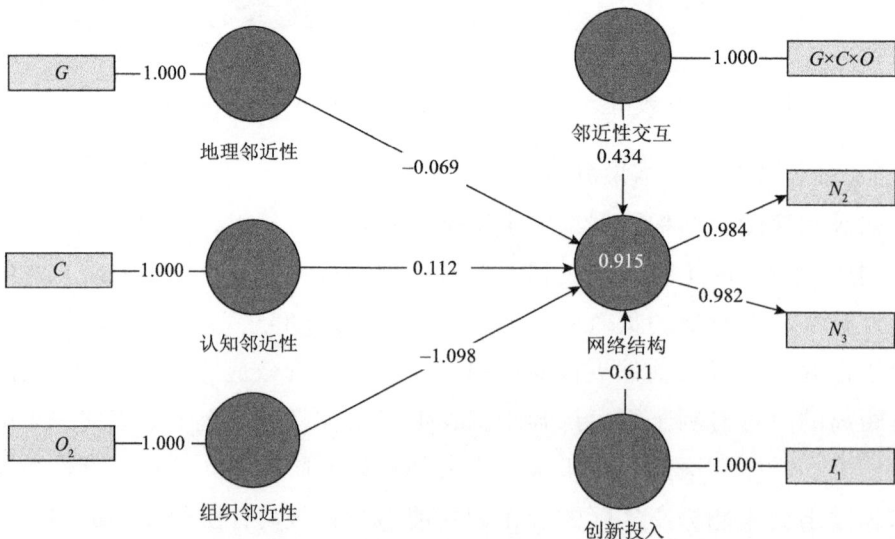

图 6-23　初级萌芽阶段合作论文网络模型三 PLS 结果输出图

性交互的结果为正，说明邻近性之间为互补作用。加入交互项后，认知邻近性的独立影响从负转为正，其他因素的路径系数均有不同程度的下降。可推断在互补效应中，认知邻近性受补给作用最大。两两交互的结果显示，地理邻近性与认知邻近性为互补作用（0.37），其他邻近性之间为替代作用。结合两方面的输出结果，认为组织邻近性被认知邻近性替代的作用较强，此时显性的组织邻近为横向的组织邻近性。

6.5.3　稳步成长阶段的多维邻近性效应

6.5.3.1　结构模型检验结果

1）独立效应检验结果

稳步成长阶段的模型计算包含了合作专利网络与合作论文网络，两者的网络结构受多维邻近性的影响存在异同（表 6-16）。对合作专利网络的结构模型进行信度检验，其三个潜变量的克龙巴赫 α 系数值均大于 0.6，在可接受范围之内；组合信度均大于 0.8，表明组合信度良好。组合信度越高，说明模型越能反映潜变量的情况。在效度检验方面，对模型变量进行 AVE 计算，所有变量的 AVE 值均大于 0.5，整体效度良好。其中，地理邻近性、组织邻近性、认知邻近性的 AVE 值接近 1。合作论文相关指标的信度检验显示，网络结构的克龙巴赫 α 系数值未达到 0.6 的最低标准，但组合信度达到了 0.5 的标准。其他变量均能通过检验，总体比合作专利网络的信度稍低。变量的 AVE 值均大于 0.5，达到标准效度值。

表 6-16　稳步成长阶段模型一信度检验

网络类型	潜变量	代码	克龙巴赫 α 系数	组合信度
合作专利网络	创新投入	I	0.67	0.89
	地理邻近性	G	0.99	0.99
	网络结构	N	0.71	0.96
合作论文网络	创新投入	I	0.66	0.71
	地理邻近性	G	0.97	0.99
	网络结构	N	0.58	0.50

注：组合型潜变量无相应项值。

外部模型参数检验结果显示，合作专利网络的 N_2（度数中心度均值）、N_3（平均结构洞有效规模）、I_1（生物医药相关政策数量）在稳步成长阶段的外部载荷低于 0.7 的标准，表明其对网络结构的解释能力较弱，且 T 统计量显示显著性不强，因此在相应阶段的模型中去除这三项。其他变量在 90% 以上的概率下达到需要的载荷值（表 6-17）。各项变量的外部权重均高于 0.1 的标准，外部模型结构整体情况一般。

表 6-17 稳步成长阶段合作专利网络结构模型—外部载荷与外部权重的 Bootstrap 检验

潜变量	观测变量	外部载荷	T 统计量	外部权重	T 统计量
网络结构	N_1	−0.86	11.2*	0.66	13.01*
	N_2	0.69	4.30	0.52	9.09
	N_3	0.47	3.58*	0.53	9.31
创新投入	I_1	0.45	9.17*	0.31	4.44**
	I_2	0.77	9.25**	0.43	7.97***

在合作论文网络外部模型参数检验中，地理邻近性、认知邻近性的观测变量仅有一个，不需要参与此项检验。检验结果显示，稳步成长阶段的 I_2（生物医药相关政策数量）的外部载荷量低于 0.7，且其 T 统计量较低；N_2（度数中心度均值）、N_3（平均结构洞有效规模）不能通过检验，同样不符合反映标准；O_2（横向组织邻近性）的外部权重出现负值，不符合组合型指标外部权重高于 0.1 的标准（表 6-18）。将以上不能通过检验的观测变量去除，再次检验，获得较好的检验结果。其他反映型变量均在 95% 以上的概率下通过检验。

表 6-18 稳步成长阶段合作论文网络结构模型—外部载荷与外部权重的 Bootstrap 检验

潜变量	观测变量	外部载荷	T 统计量	外部权重	T 统计量
网络结构	N_1	0.93	9.05**	0.62	8.66
	N_2	0.61	4.71*	0.33	5.44
	N_3	−0.45	2.99**	0.46	3.12
创新投入	I_1	0.88	9.46**	0.53	8.76*
	I_2	0.43	3.88	0.27	3.93
组织邻近性	O_1	0.84	14.70**	0.59	8.77
	O_2	0.57	8.51	−0.84	5.62

内部模型参数检验是对连接的路径系数进行有效性检验，同样采用 Bootstrap 再抽样方法。检测结果显示，创新投入对合作专利网络结构有负效应，但其显著性水平不高；其他路径均在 95% 以上的概率下显著。网络结构的解释能力 R^2 在此阶段为 0.56，稍大于一般标准 0.5，表示模型解释能力较好（表 6-19）。合作论文网络的内部模型 T 统计量及其显著性与合作专利网络相似（表 6-20），网络结构的 R^2 为 0.835，高于合作专利网络。

表 6-19　稳步成长阶段合作专利网络结构模型一路径系数的 Bootstrap 检验

项目	初始样本	样本均值	标准差	T 统计量
创新投入→网络结构	−0.05	−0.06	0.08	7.17[*]
地理邻近性→网络结构	−0.30	0.24	0.06	2.69[**]
组织邻近性→网络结构	0.53	0.47	0.08	4.52[**]
认知邻近性→网络结构	0.65	0.59	0.06	9.79[**]

表 6-20　稳步成长阶段合作论文网络结构模型一路径系数的 Bootstrap 检验

项目	初始样本	样本均值	标准差	T 统计量
创新投入→网络结构	0.51	0.50	0.07	7.22[*]
地理邻近性→网络结构	−0.69	−0.67	0.09	3.32[**]
组织邻近性→网络结构	−0.57	−0.52	0.08	4.45[**]
认知邻近性→网络结构	0.14	0.12	0.06	6.41[**]

2）中介效应检验结果

合作专利网络模型二的信度检验与模型一结果相似，基本通过检验。不一致之处在于，稳步成长阶段的创新投入组合信度稍有下降，网络结构的克龙巴赫 α 系数值稍有上升。在效度检验方面，各变量的效度值较模型一变动不大，AVE 值均大于 0.5 的标准，模型效度较优。在合作论文网络结构中，网络结构的信度较上一阶段有所提升，克龙巴赫 α 系数值达到 0.6 的标准，结构具有较好的聚合度（表 6-21）。

对稳步成长阶段结构模型二路径系数进行 Bootstrap 检验，结果显示合作专利网络中地理邻近性对组织邻近性产生负效应，仅在 90% 以上的概率下显著；地理邻近性对认知邻近性产生的正效应大于对网络结构的效应，显著性较高（表 6-22）。合作论文网络的检验结果显示，地理邻近性与组织邻近性连接的 T 统计量仅有 1.12，低于 1.66 的标准；而地理邻近性与认知邻近性连接的 T 统计量未在 90% 以上的概率下显著，即其显著度不能通过检验（表 6-23）。因此，稳步成长阶段不存在地理邻近性对认知邻近性、组织邻近性的直接作用。

表 6-21　稳步成长阶段结构模型二信度检验

网络类型	潜变量	代码	克龙巴赫 α 系数	组合信度
合作专利网络	创新投入	I	0.67	0.79
	地理邻近性	G	0.99	0.99
	网络结构	N	0.73	0.96
合作论文网络	创新投入	I	0.66	0.71
	地理邻近性	G	1.00	1.00
	网络结构	N	0.60	0.70

表 6-22　稳步成长阶段合作专利网络结构模型二路径系数的 Bootstrap 检验

项目	初始样本	样本均值	标准差	T 统计量
创新投入→网络结构	−0.05	−0.09	0.03	7.50
地理邻近性→组织邻近性	−0.19	−0.18	0.05	1.66*
地理邻近性→网络结构	−0.30	−0.24	0.07	2.93*
地理邻近性→认知邻近性	0.37	0.33	0.08	4.97**
组织邻近性→网络结构	0.53	0.44	0.09	5.50**
认知邻近性→网络结构	0.65	0.61	0.09	9.88**

表 6-23　稳步成长阶段合作论文网络结构模型二路径系数的 Bootstrap 检验

项目	初始样本	样本均值	标准差	T 统计量
创新投入→网络结构	0.51	0.49	0.08	5.83
地理邻近性→组织邻近性	−0.05	−0.03	0.03	1.12**
地理邻近性→网络结构	−0.69	−0.64	0.09	3.41*
地理邻近性→认知邻近性	−0.02	−0.01	0.03	1.91
组织邻近性→网络结构	−0.57	−0.54	0.07	5.05*
认知邻近性→网络结构	0.14	0.12	0.02	1.66

3）交互作用检验结果

Bootstrap 检验结果显示，加入三种维度邻近性的共同交互项后，合作专利网络的结构模型均能通过路径系数检验（表 6-24）。创新投入、地理邻近性、组织邻近性、认知邻近性对专利网络结构的作用仍然存在，路径系数均在 95%以上的概率下显著。路径系数为负，表明三者之间在各个阶段中均存在相互替代关系。分别将三种维度的邻近性两两交互加入模型一中，均能通过检验（表 6-25）。

表 6-24　稳步成长阶段合作专利网络结构模型三路径系数的 Bootstrap 检验

项目	初始样本	样本均值	标准差	T 统计量
创新投入→网络结构	−0.37	−0.33	0.04	7.09[**]
地理邻近性→ 网络结构	−0.75	−0.72	0.08	3.44[**]
组织邻近性→网络结构	0.37	0.36	0.04	4.61[**]
认知邻近性→网络结构	0.62	0.61	0.07	9.08[**]
邻近性交互→网络结构	−0.36	−0.32	0.05	4.22[***]

表 6-25　稳步成长阶段合作专利网络邻近性两两交互路径系数的 Bootstrap 检验

项目	模型一	G×C	T 统计量	G×O	T 统计量	C×O	T 统计量
创新投入→创新绩效	−0.05	0.17	7.02[**]	−0.95	6.99[**]	−0.57	7.32[**]
地理邻近性→创新绩效	−0.30	0.71	3.80[**]	0.14	4.01[***]	−0.38	4.07[**]
认知邻近性→创新绩效	0.65	0.47	9.54[**]	1.27	8.75[**]	0.46	8.84[**]
组织邻近性→创新绩效	0.53	0.38	3.18[**]	−1.12	2.66[**]	−0.66	3.52[**]
两两交互→创新绩效	—	1.00	3.88[**]	−0.71	2.71[**]	−0.32	3.08[**]

检验该阶段合作论文网络结构模型三的路径系数，结果显示各路径系数均在95%以上的概率下通过检验，邻近性的交互对网络结构的作用显著度较上一阶段有所下降（表 6-26），路径系数虽有所下降，但仍然为正，表明三种维度的邻近性之间的相互强化效应减弱。此时期，"G×C""C×O"的 T 统计量不足，且显著性也未能达到95%以上，可判定其交互效应不存在。

表 6-26　稳步成长阶段合作论文网络模型三路径系数的 Bootstrap 检验

项目	初始样本	样本均值	标准差	T 统计量
创新投入→网络结构	0.78	−3.41	0.09	8.44[**]
地理邻近性→网络结构	−0.81	0.81	0.09	6.07[**]
组织邻近性→网络结构	−0.70	3.55	0.08	5.77[**]
认知邻近性→网络结构	0.10	1.221	0.12	6.04[**]
邻近性交互→网络结构	0.39	−1.76	0.04	6.11[**]

6.5.3.2　模型结果分析

1）独立效应检验结果分析

从输出结果的路径系数可见，稳步成长阶段组织邻近性、认知邻近性对网络结构的正效应较大，认知邻近性的影响稍大于组织邻近性；地理邻近性对网络结构产生较低的负效应（图 6-24）。创新投入对网络结构具有较低的负效应，结合检验结果，其显著性较低，这表明可能存在广州市政府对生物医药方面的投入越大，新生创新主体和新的低密度联结出现的情况越多。在创新投入方面，经济优惠的作用稍大于政策文件，政策的作用解释力不足。在网络结构方面，只有整体网络密度与网络结构有较高的相关性。结合前一

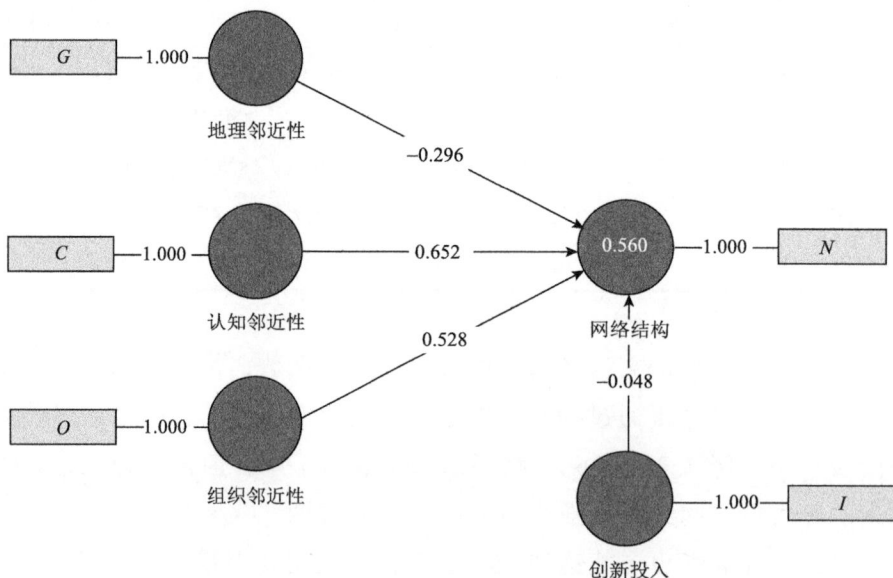

图 6-24　稳步成长阶段合作专利网络模型一 PLS 结果输出图

章节对网络结构的分析，该阶段的整体网络密度值较高，可能是该时期合作单位较少且联系较集中造成的。

在产业的稳步成长阶段，论文的网络密度逐年提升，相比于前一阶段是一个飞跃，最能反映网络结构变化的就是整体网络密度。该时期网络的中心度、结构洞情况出现波动，反映能力急剧下降。在影响网络结构发展的要素当中，创新投入依然对网络结构的发展起着最重要的作用。此时的创新合作已不仅仅是对生物医药理论前沿的探讨与交流，而是逐渐走向实验、研发的环节。因此，主体需要的合作对象应在知识水平、技术水平上有一定的相似性，认知邻近性呈现较低的正效应。横向的组织邻近性能较有效地提供创新方向、信息、物质资源等，使组织邻近性的负效应有所减弱（图 6-25）。

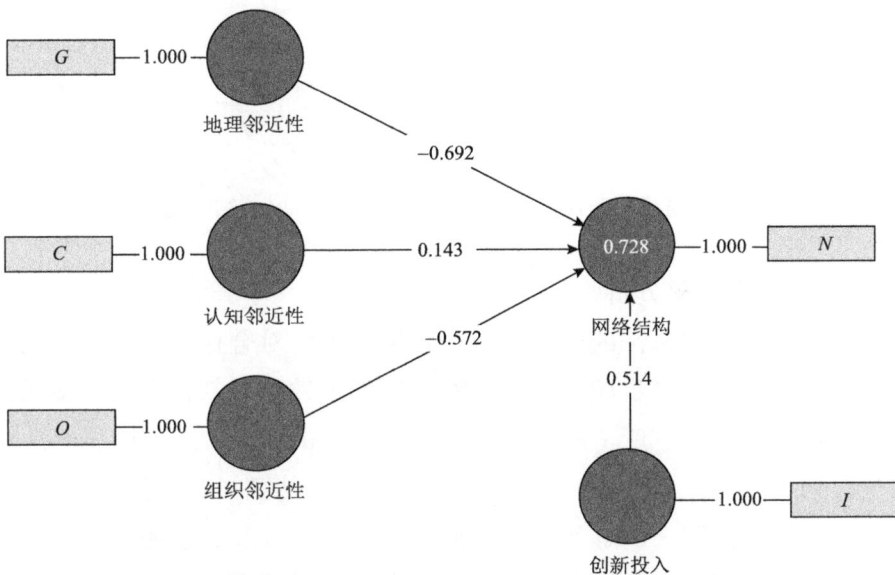

图 6-25　稳步成长阶段合作论文网络模型—PLS 结果输出图

2）中介效应检验结果分析

在模型一的基础上，建立地理邻近性与组织邻近性、地理邻近性与认知邻近性的直接联系。增加新联系后，三种维度的邻近性对网络结构的独立影响系数基本没有发生变化，地理邻近性并没有通过组织邻近性、认知邻近性对网络结构产生中介效应。稳步成长阶段地理邻近性对组织邻近性有相对较弱的负效应，地理邻近性对认知邻近性有较高的正效应（图 6-26）。此时，创新主体之间需要大量的知识溢出，能促进面对面交流的地理邻近性可以在一定程度上弥补主体间的认知势差，促进认知邻近性的拉近。

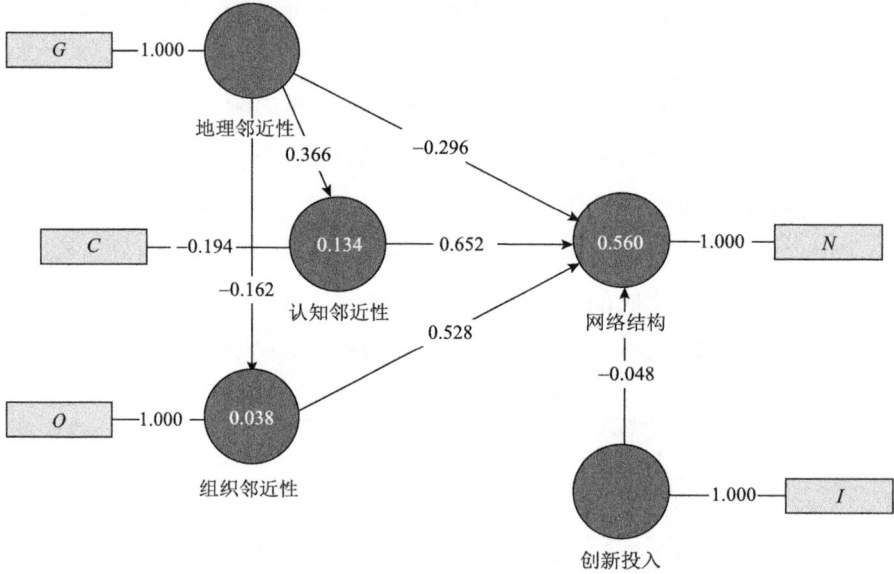

图 6-26　稳步成长阶段合作专利网络模型二 PLS 结果输出图

3）交互作用结果分析

增加三种维度邻近性的交互项后，各种邻近性对合作专利网络结构的独立作用变化较大。在稳步成长阶段，除认知邻近性外，其他动力要素对网络发展的正效应程度均有所下降。当调节大小为 0.02 时，表示调节作用较弱；当调节达到 0.15 时，表示调节作用中等；当调节达到 0.35 时，表示调节作用较强。此阶段模型三的解释能力比模型一提高了 0.26，说明邻近性的交互对网络结构有中度至强的调节作用。邻近性交互路径系数为−0.335，表明交互作用呈替代效应，邻近性之间的关系相互弱化（图 6-27）。加入交互项后，认知邻近性的独立作用有所增强，地理邻近性与认知邻近性出现互补效应，说明地理邻近性与认知邻近性相互强化时，有助于正向推动网络发展。

在稳步成长阶段，合作论文网络模型的解释度提高了 0.082，也属于低度至中度的调节作用，但模型的解释能力不如上一阶段（图 6-28）。本阶段交互项的路径系数仍为正值，但有所下降，说明互补作用减弱。交互项加入后，创新投入路径系数有所提高，认知邻近性的正效应减弱，地理邻近性与

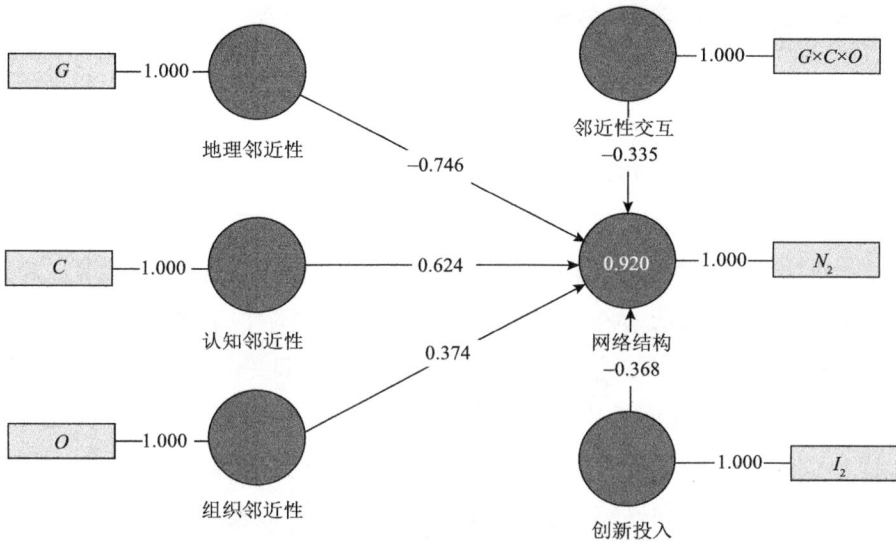

图 6-27　稳步成长阶段合作专利网络模型三 PLS 结果输出图

组织邻近性的负效应加强。结合检验结果，仅地理邻近性与组织邻近性的交互项通过检验，两者之间呈现替代作用（−0.341）。地理邻近性与组织邻近性之间的互补作用弱化，既使各自的独立影响作用下降，也使三者的互补作用减弱。

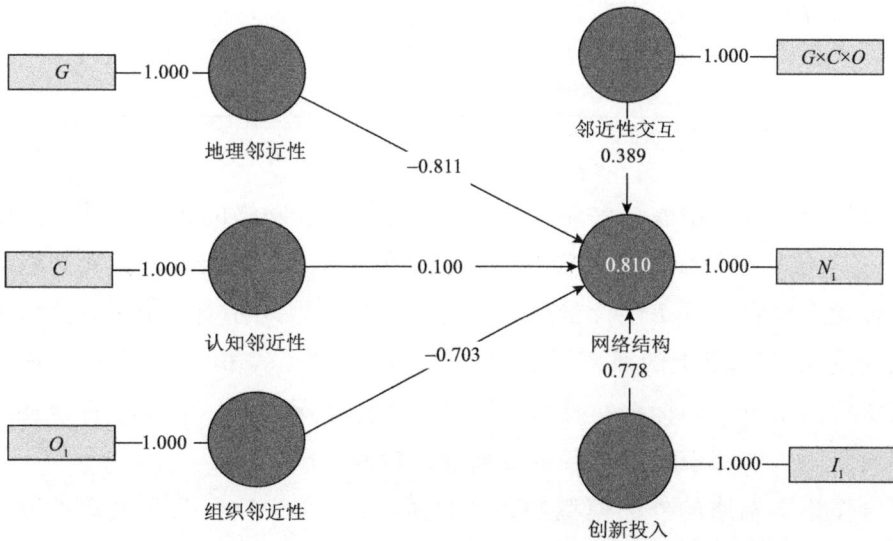

图 6-28　稳步成长阶段合作论文网络模型三 PLS 结果输出图

6.5.4 快速发展阶段的多维邻近性效应

6.5.4.1 结构模型检验结果

1）独立效应检验结果

合作专利网络的信度检验显示，三个潜变量的克龙巴赫 α 系数值均大于 0.6，平均组合信度比前两阶段低。地理邻近性的信度值保持三者中最高，创新投入变量的信度稍低，网络结构变量在快速发展阶段有所下降。效度检验显示，所有潜变量的 AVE 值均大于 0.5，整体效度良好。其中，地理邻近性、认知邻近性的 AVE 值接近 1。在合作论文网络的信度检验中，创新投入的克龙巴赫 α 系数值大于合作专利网络，但组合信度相对较低。网络结构的两项信度值均高于合作专利网络，这说明其聚合度更优（表 6-27）。

表 6-27 快速发展阶段网络模型一信度检验

网络类型	潜变量	代码	克龙巴赫 α 系数	组合信度
合作专利网络	创新投入	I	0.67	0.84
	地理邻近性	G	0.99	0.99
	网络结构	N	0.64	0.69
合作论文网络	创新投入	I	0.70	0.58
	地理邻近性	G	0.98	0.99
	网络结构	N	0.68	0.70

注：组合型潜变量无相应项值。

外部模型参数检验结果显示，该阶段合作专利网络的 N_2（度数中心度均值）、N_3（平均结构洞有效规模）外部载荷低于 0.7 的标准，即其对网络结构的解释能力较弱，且 T 统计量显示显著性不强，因此在模型中去除这两项。其他变量在 95%以上的概率下达到需要的载荷值（表 6-28）。各项变量的外部权重均高于 0.1 的标准，外部模型结构整体情况较好。去除不符合要求的观测变量后，外部模型结构各变量均通过检验。

合作论文网络的外部模型参数检验显示，I_2（生物医药相关政策数量）的外部载荷仍低于 0.7，且其 T 统计量也低；N_2（度数中心度均值）、N_3（平均结构洞有效规模）不能通过检验；O_1（纵向组织邻近性）的外部权重为负值，不符合组合型指标外部权重高于 0.1 的标准（表 6-29）。在模型一中，把以上不能通过检验的观测变量去除，再次检验，获得较好的检验结果。其他反映型变量均在 90%或 95%以上的概率下通过检验。

表 6-28　快速发展阶段合作专利网络结构模型一外部载荷与外部权重的 Bootstrap 检验

潜变量	观测变量	外部载荷	T 统计量	外部权重	T 统计量
网络结构	N_1	0.93	10.56**	0.59	10.09
	N_2	0.64	4.17*	0.47	8.11*
	N_3	0.66	5.23	0.58	7.02*
创新投入	I_1	0.95	13.11**	0.61	11.77**
	I_2	0.74	9.06***	0.55	8.02**

表 6-29　快速发展阶段合作论文网络结构模型一外部载荷与外部权重的 Bootstrap 检验

潜变量	观测变量	外部载荷	T 统计量	外部权重	T 统计量
网络结构	N_1	0.92	10.11**	0.63	8.92*
	N_2	0.52	3.26*	0.26	6.71
	N_3	−0.78	1.78**	0.27	1.89
创新投入	I_1	0.92	10.12**	0.71	11.04
	I_2	0.35	1.33	0.19	1.28
组织邻近性	O_1	0.68	9.54*	−0.68	5.42
	O_2	0.82	11.26***	0.66	9.49*

　　内部模型参数检验是对连接的路径系数进行有效性检验，同样采用 Bootstrap 再抽样方法。合作专利网络的检测结果显示，在此阶段，三种维度的邻近性对网络结构的影响均在 $P<0.05$ 的水平下显著，主模型的内部结构从一般升至较好。网络结构的 R^2 为 1，远大于一般标准 0.5，表示模型解释能力较好（表 6-30）。合作论文网络的检测结果显示，创新投入对论文网络结构的影响从较高的正效应变为快速发展阶段的负效应。每个阶段均存在产生负效应的邻近性，该阶段负效应最小。随着阶段的演进，模型的内部结构从较好变为一般，但总体能通过检验（表 6-31）。网络结构的解释能力 R^2 为 0.92，为三个阶段中最高，模型解释能力最强。

表 6-30　快速发展阶段合作专利网络模型一路径系数的 Bootstrap 检验

项目	初始样本	样本均值	标准差	T 统计量
创新投入→网络结构	−0.58	−0.56	0.07	7.22[*]
地理邻近性→网络结构	−0.31	−0.27	0.06	3.32[**]
组织邻近性→网络结构	−0.45	−0.32	0.05	4.45[**]
认知邻近性→网络结构	0.66	0.64	0.06	6.41[**]

表 6-31　快速发展阶段合作论文网络模型一路径系数的 Bootstrap 检验

项目	初始样本	样本均值	标准差	T 统计量
创新投入→网络结构	−2.71	−2.56	0.07	7.22[*]
地理邻近性→网络结构	−0.55	−0.47	0.06	3.32[***]
组织邻近性→网络结构	2.71	2.62	1.08	4.45[**]
认知邻近性→网络结构	0.28	0.24	0.06	6.41[***]

2）中介效应检验结果

此阶段的信度与效度检验与上一阶段模型二的检验结果相似，均通过检验。信度值仅有小幅度的变化，在此不作赘述（表 6-32）。在内部模型参数检验方面，合作专利网络中地理邻近性对组织邻近性的负效应转变为正效应，并在 95% 以上的概率下显著；对认知邻近性的效应有较大的减弱，T 统计量变小，但显著性未发生太大变化（表 6-33）。因其 T 统计量均大于 1.66，所以模型显示的效应能够被证实。合作论文网络模型二的检验结果显示，此阶段地理邻近性对认知邻近性、组织邻近性的直接作用在 95% 以上的概率下显著。加入新联系后，创新投入对网络结构的作用未能在 90% 以上的概率下通过检验；地理邻近性对网络结构作用的显著性下降，认知邻近性的显著度提高至 99% 以上（表 6-34）。

表 6-32　快速发展阶段结构模型二信度检验

网络类型	潜变量	代码	克龙巴赫 α 系数	组合信度
	创新投入	I	0.67	0.84
合作专利网络	地理邻近性	G	0.99	0.99
	网络结构	N	0.64	0.59

续表

网络类型	潜变量	代码	克龙巴赫 α 系数	组合信度
	创新投入	I	0.70	0.68
合作论文网络	地理邻近性	G	1.00	1.00
	网络结构	N	0.68	0.70

表 6-33　快速发展阶段合作专利网络模型二路径系数的 Bootstrap 检验

项目	初始样本	样本均值	标准差	T 统计量
创新投入→网络结构	−0.58	−0.49	0.06	7.64
地理邻近性→组织邻近性	0.67	0.65	0.09	4.86**
地理邻近性→网络结构	−0.31	−0.24	0.04	3.01*
地理邻近性→认知邻近性	0.07	0.06	0.03	3.32**
组织邻近性→网络结构	−0.45	−0.44	0.06	5.91*
认知邻近性→网络结构	0.66	0.58	0.06	8.13***

表 6-34　快速发展阶段合作论文网络模型二路径系数的 Bootstrap 检验

项目	初始样本	样本均值	标准差	T 统计量
创新投入→网络结构	−2.71	−2.49	1.12	8.52
地理邻近性→组织邻近性	−0.69	−0.65	0.09	9.09**
地理邻近性→网络结构	0.54	0.44	0.07	6.82*
地理邻近性→认知邻近性	0.60	0.56	0.08	7.88**
组织邻近性→网络结构	2.71	2.48	1.41	7.98**
认知邻近性→网络结构	−0.28	−0.27	0.04	9.05***

3）交互作用检验结果

Bootstrap 检验显示，在合作专利网络加入三种维度邻近性的共同交互项后，快速发展阶段的模型通过路径系数检验，并在 95% 以上的概率下显著，但本阶段较上一阶段稍低。创新投入、地理邻近性、组织邻近性、认知邻近性对专利网络结构的作用仍然存在，但仅认知邻近性的路径系数为正（表6-35）。稳步成长阶段和快速发展阶段的邻近性交互路径系数均为负，即三者之间一直处于替代关系。分别将三种维度的邻近性两两交互加入模型一中，均能通过检验（表6-36）。

表 6-35　快速发展阶段合作专利网络模型三路径系数的 Bootstrap 检验

项目	初始样本	样本均值	标准差	T 统计量
创新投入→网络结构	−0.57	−0.52	0.06	7.33**
地理邻近性→网络结构	−0.31	−0.28	0.03	3.01**
组织邻近性→网络结构	−0.46	−0.44	0.05	5.46**
认知邻近性→网络结构	0.71	0.65	0.08	7.11**
邻近性交互→网络结构	−0.05	−0.02	0.03	3.38**

表 6-36　快速发展阶段合作专利网络邻近性两两交互路径系数的 Bootstrap 检验

项目	模型一	G×C	T 统计量	G×O	T 统计量	C×O	T 统计量
创新投入→创新绩效	−0.58	−0.54	8.87*	−0.58	8.56**	−0.52	6.88**
地理邻近性→创新绩效	−0.31	−0.31	4.09**	−0.42	4.89**	−0.36	4.56*
认知邻近性→创新绩效	0.66	0.70	10.05**	0.67	9.00**	0.68	9.74**
组织邻近性→创新绩效	−0.45	−0.44	6.66**	−0.40	5.43**	−0.40	5.22**
两两交互→创新绩效	—	−0.05	2.52**	0.09	3.27**	−0.05	2.97**

　　对加入交互项的合作论文网络进行检验，发现快速发展阶段各变量的路径系数均有大幅提高，地理邻近性的独立作用在 90%以上的概率下显著，组织邻近性、认知邻近性的独立作用在 95%以上的概率下显著，创新投入、邻近性交互的路径系数在 95%以上的概率下显著。较前一阶段，快速发展阶段的整体显著性（表 6-37）、路径系数均有提升。两个阶段的模型解释能力 R^2 有所提高，提高值为 0.44，属强交互效应。此阶段地理邻近性与组织邻近性对邻近性交互潜变量的反映为−0.620，不符合 0.7 以上的标准，因此在模型中去掉。重新计算后，模型的反映能力较好。

表 6-37　快速发展阶段模型三路径系数的 Bootstrap 检验

项目	初始样本	样本均值	标准差	T 统计量
创新投入→网络结构	−2.38	−2.36	0.37	11.09**
地理邻近性→网络结构	0.89	0.87	0.09	4.56*
组织邻近性→网络结构	2.43	2.39	0.42	7.99**
认知邻近性→网络结构	1.22	1.21	0.25	6.87**
邻近性交互→网络结构	1.67	1.66	0.31	7.03***

6.5.4.2　模型结果分析

1）独立效应结果分析

从合作专利网络模型一的分析结果可见，相较于稳步成长阶段，快速发展阶段的认知邻近性作用更高，并远高于其他维度的邻近性；组织邻近性具有较高的负效应，地理邻近性的负效应继续增强（图 6-29）。创新投入对网络结构的作用依然为负，且负值大幅度上升。在创新投入方面，I_2（生物医药相关政策数量）与投入的相关性显著，说明该阶段针对生物医药的相关政策发挥了一定的作用，但仍远低于广州生物技术享受免税额。网络结构的观测变量相关性变化较大，度数中心度的相关性变得显著，且稍高于整体网络密度。说明随着网络结构的发展，网络的中心集聚效应逐渐变强，尽管整体密度值下降，网络中的资源流动性仍然在不断提高。

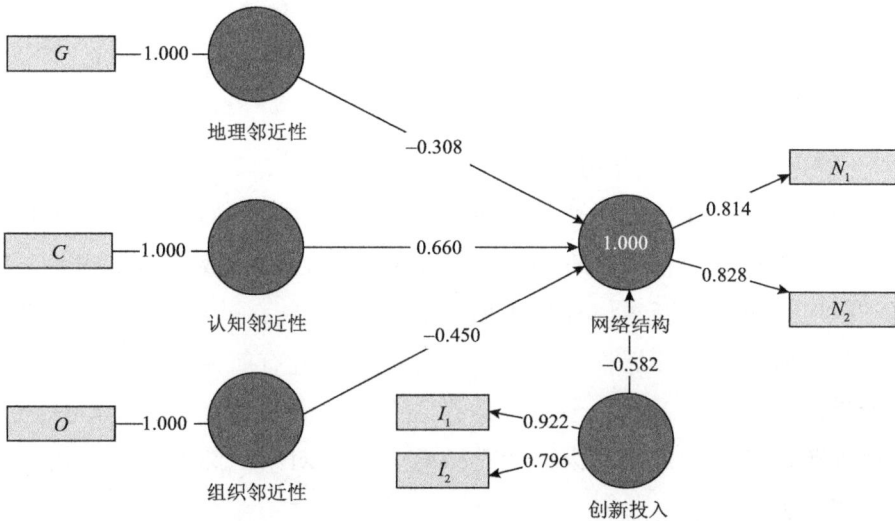

图 6-29　快速发展阶段合作专利网络模型一 PLS 结果输出图

在产业的快速发展阶段，合作论文网络的结构情况与前一阶段类似。如图 6-30 所示，创新投入出现较高的负效应。依据该阶段的产业发展情况，生物技术企业数量激增，成为各类型主体中占比最大的企业。广州生物技术享受免税额越高，小型生物技术企业独立研发的可能性越大，因而减少了通过合作创新获得资金支撑。合作论文的主要创新主体为医院，其次为高校，生物技术免税对这两者的帮助并不大。从检验显著性看，创新投入的显著性较低，因而难以判定此处的负效应情况。

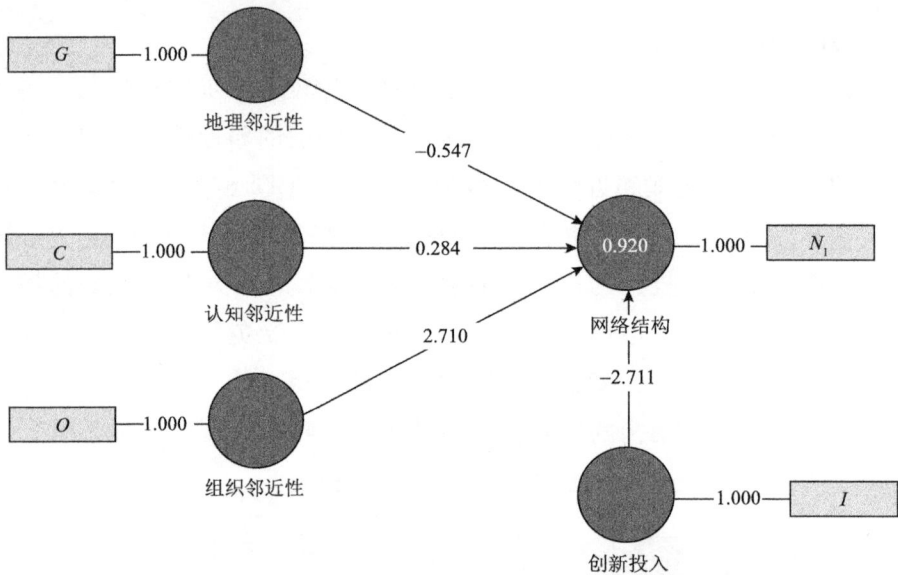

图 6-30　快速发展阶段合作论文网络模型— PLS 结果输出图

2）中介效应检验结果分析

与前两个阶段相比，快速发展阶段的合作专利网络的地理邻近性对组织邻近性形成强正效应；而地理邻近性对认知邻近性的正效应迅速减弱，转变为弱正效应。由于创新主体开始走向成熟，需要与有一定知识势差的主体合作，因此该阶段地理邻近性对认知邻近性的正效应有所减弱。此阶段企业在本地衍生、并购增加，部分创新主体设立自己的分支研究机构，而这一般发生在地理距离较近的区域，因而使得地理邻近性对组织邻近性形成较大的正效应（图 6-31）。

在快速发展阶段中，合作论文网络的地理邻近性对认知邻近性的正效应有所下降，R^2 也从 0.598 降至 0.364；地理邻近性对组织邻近性的负效应增强，其解释能力大幅度提升（图 6-32）。新联系的增加并未提升整个模型的解释度，因此地理邻近性未起到中介效应。此阶段，地理距离缩小所形成的知识溢出作用不如初级萌芽阶段，但此时的知识溢出能有效转化为创新合作。该阶段创新主体较多地与外地的创新主体形成组织关系，因此出现地理距离越近组织关系越不紧密的情况。

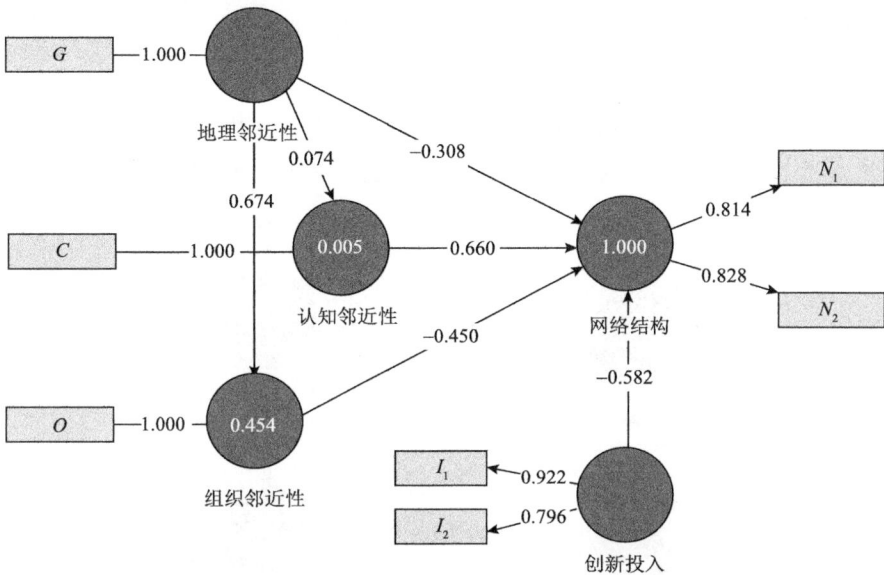

图 6-31　快速发展阶段合作专利网络模型二 PLS 结果输出图

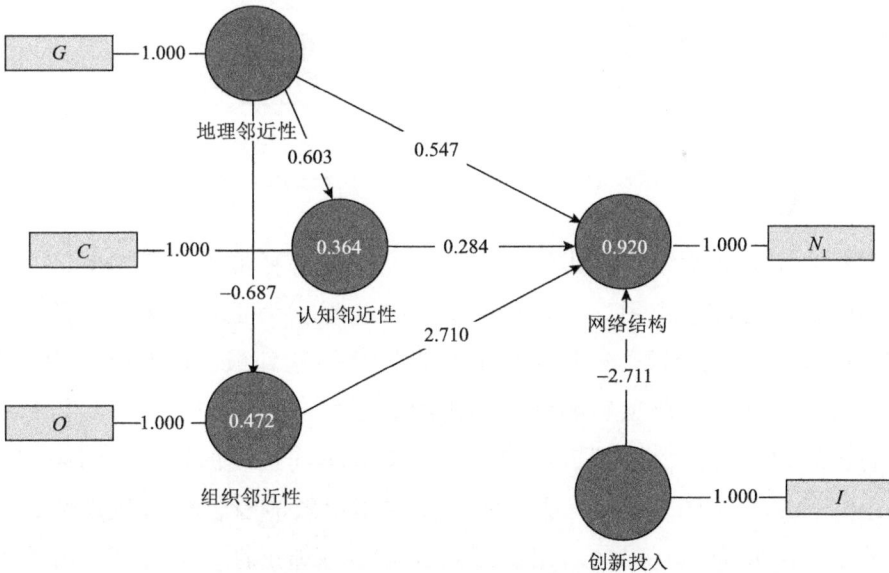

图 6-32　快速发展阶段合作论文网络模型二 PLS 结果输出图

3）交互作用结果分析

加入交互项后，合作专利网络的认知邻近性的正效应有了更大的加强。模型解释能力没有发生变化，说明交互项没有使模型更具说服力。此阶段三种维度的邻近性之间仍然为替代作用，但替代程度有所下降（图 6-33）。输出结果显示，在邻近性两两交互中仅有地理邻近性与组织邻近性具有互补作用，组织邻近性的负效应更显著。结合上一阶段的分析，发现地理邻近性与认知邻近性相互强化时，有助于正向推动网络发展；地理邻近性与组织邻近性相互强化时，会加强组织邻近性对网络结构的负效应。

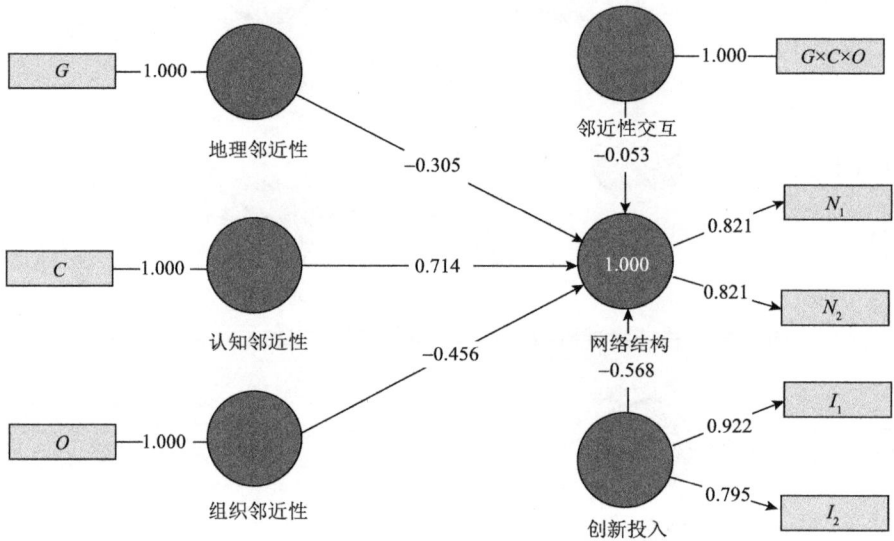

图 6-33　快速发展阶段合作专利网络模型三 PLS 结果输出图

观察合作论文网络的输出结果，其模型三的解释能力提高了 0.08，为低度与中度之间的调节作用。邻近性的交互效应显示为正，且为三个阶段最高（1.673）。说明在此阶段，三种维度的邻近性之间达到最大的互补作用。交互项加入后，邻近性的单独影响程度为组织邻近性高于认知邻近性，认知邻近性稍高于地理邻近性。各邻近性的正效应均有不同程度的提升，组织邻近性的作用变化最大（图 6-34）。从两两交互的作用效应看，仅有地理邻近性与认知邻近性之间为相互强化。组织邻近性与地理邻近性、认知邻近性之间的交互均为负数，说明组织邻近性有弱化其他性质邻近性的作用。

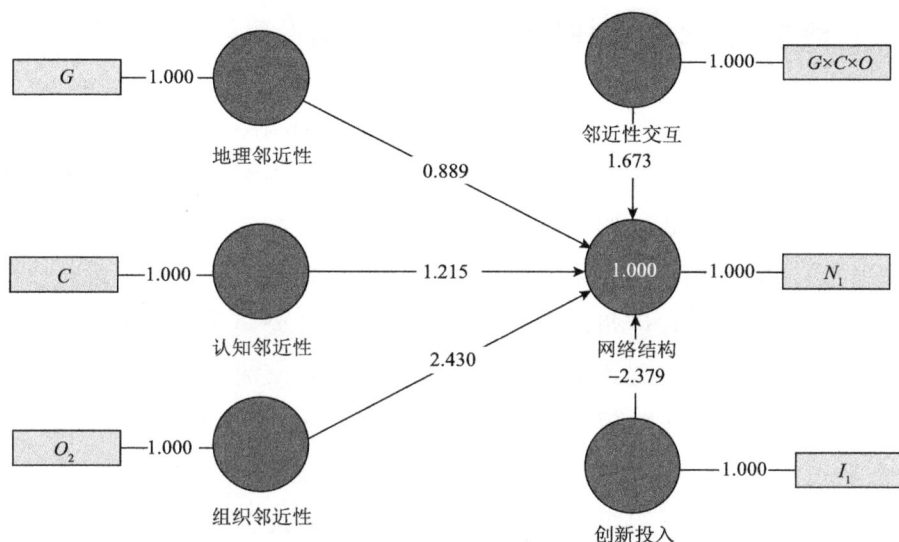

图 6-34　快速发展阶段合作论文网络模型三 PLS 结果输出图

6.5.5　多维邻近性对网络结构演化的影响

6.5.5.1　对合作专利网络结构演化的影响

综合对合作专利网络三个模型的分析，分析多维邻近性在其结构演化过程中所起的作用。对比各阶段模型的检验与输出结果，可得出以下阶段特征。

（1）从稳步成长阶段（2006—2012 年）至快速发展阶段（2013—2018 年），与网络结构紧密度有较大相关性的要素从中心度转向整体网络密度，即随着阶段的演化，网络从某几个中心主导发展为多中心、多联系的结构。

（2）在稳步成长阶段，三种维度邻近性的交互对网络结构的发展起最大的正效应（2.949），只有地理邻近性出现负效应；在快速发展阶段，认知邻近性对网络的独立正效应最大，其他邻近性以及邻近性交互的影响均为负向。

（3）在稳步成长与快速发展阶段中，地理邻近性对认知邻近性、组织邻近性均有直接的影响。在稳步成长阶段，地理邻近性对认知邻近性有一定的正效应，对组织邻近性有较小的负效应；在快速发展阶段，地理邻近性对组织邻近性的正效应大于认知邻近性。

（4）在稳步成长阶段与快速发展阶段，三种维度的邻近性在影响合作专利网络时，均呈替代效应，且替代效应有所减弱。其中，组织邻近性与认知邻近性的替代效应持续时间最长，地理邻近性与组织邻近性的替代效应最明显。

纵观三个阶段的演化历程，认知邻近性对专利网络结构始终起最大的正效应，且作用强度不断提高；地理邻近性在广州生物医药产业的稳步成长阶段、快速发展阶段的效应均为负，且负效应有所提高；组织邻近性在稳步成长阶段的正效应较大，但在快速发展阶段却成为负效应。在稳步成长阶段，大量省外、国外企业在广州设立分支机构或成立分公司，相较于和母企业的组织邻近，地理距离的邻近更有利于促进企业创新交流，因此地理邻近性对认知邻近性有低度的正效应；在快速发展阶段，企业在本地衍生、并购增加，部分创新主体设立自己的分支研究机构，而这一般发生在地理距离较近的区域，因而地理邻近性对组织邻近性形成较大的正效应。在创新网络结构的发展过程中，各邻近性影响网络发展的相互作用会逐渐减弱，且产生一定的替代效应。需要更好地配置各种邻近性的距离，以获得最佳的发展效果。

6.5.5.2　对合作论文网络结构演化的影响

综合对合作论文网络三个模型的分析，分析多维邻近性在其结构演化过程中所起的作用。对比各阶段模型的检验与输出结果，可得出以下阶段特征。

（1）从初级萌芽阶段（1998—2005 年）至快速发展阶段（2013—2018 年），网络结构的发展由中心度及结构洞反应转为整体网络密度反应。网络发展主要依靠整体的联系的广度拓展与频次提高，个体中心的垄断作用不断被弱化。

（2）在初级萌芽阶段，对网络结构发展正效应最强的是邻近性的交互（1.043），负效应最强的是组织邻近性的单独作用（−0.661）；在稳步成长阶段，认知邻近性的正效应最强（0.143），邻近性之间的交互负效应最强（−1.887）；在快速发展阶段，组织邻近性成为各邻近性中对网络结构发展的影响最大的因素（2.710），地理邻近性是唯一起负效应（−0.547）的因素。

（3）随着网络结构的演化，地理邻近性对认知邻近性的正效应减弱，对组织邻近性的负效应增强。稳步成长阶段不存在地理邻近性与认知邻近性、组织邻近性的直接关系。

（4）邻近性的交互在网络结构各个发展阶段均呈现出互补效应，以快速发展阶段的互补效应最强。地理邻近性与组织邻近性、组织邻近性与认知邻近性之间一直呈替代效应，地理邻近性与认知邻近性的互补效应也在逐渐增强。

结合创新网络实际情况，分析三种维度邻近性对合作论文网络独立产生影响的原因。在产业集群的初级萌芽阶段，各类制度尚未完善，知识产权的保护力度不足，过高的地理邻近性容易产生泄密问题。在产业集群的稳步成长阶段，中外合资公司逐渐增加，也有国内其他城市或地区的企业前来寻求合作或建立分支机构。两方面因素的结合，使地理邻近性效应从正向转向负向。在产业集群的快速发展阶段，企业间的收购、合并频率迅速提高，各主体的分支机构增加。经历了从封闭式创新到开放式创新后，各类主体自身的知识储备、技术能力等已有一定程度的提升。纵向组织内的信任度高，更利于长期的研发合作。为了磨合上下层组织之间的经验与能力，创新主体趋向于在组织内部进行合作。因此，以纵向组织为反映的组织邻近性从负效应转变为较高的正效应。为了便于实验室的使用、工具与材料的运输，部分主体会就近选择合作对象，因而地理邻近性的负效应有轻微的减弱。对于高新技术产业，认知邻近性的正效应继续增强。但理论探究或基础研究型的创新合作，需要有一定的知识势差才能促进新理念的产生。

在产业集群的初级萌芽阶段，仅有少量的创新主体掌握了生物医药资源，分布于其附近的主体能更快获取新资讯，因此促进了联系中心的壮大，提高了网络结构的中心度。组织邻近性所产生的信任度虽有助于合作的产生，但在新领域出现时，创新主体更趋向于在最短的时间内获得知识与技能。在产业集群的稳步成长阶段，在政策、规划、税费优惠等的推动下，大量创新主体投入生物医药领域，创新投入对网络结构的成长起最重要的作用。由于组织邻近性的性质开始变得复杂，地理邻近性的知识溢出效应与空间锁定效应共存，认知邻近性与这两类邻近性的交互作用难以确定。组织邻近性与地理邻近性之间的博弈逐渐减弱了网络的中心性，网络向多中心发展。在产业集群的快速发展阶段，大量的企业兼并、企业衍生、投资出现，部分研究机构、高校也逐步开设专门针对生物医药的研究分支；行业协会、产业联盟在此时期更为活跃。组织邻近性的距离以多种方式缩小，并对地理邻近性、认知邻近性起到一定的替代作用。在组织邻近性的影响下，创新主体无须具有较近的地理距离，或无须对研发内容具有共同取向。因此网络中心度有较大幅度的下降，并出现了比上一阶段更多的个体网络。企业兼并、消亡等造成网络整体密度下降。总体而言，组织邻近性不利于创新网络中的创新主体形成多目标的创新联系。

6.5.5.3　对合作创新网络结构演化的总体影响

综合广州生物医药合作专利网络、合作论文网络的阶段演化特征，可得各演化阶段多维邻近性的影响程度及作用方向（图 6-35）。

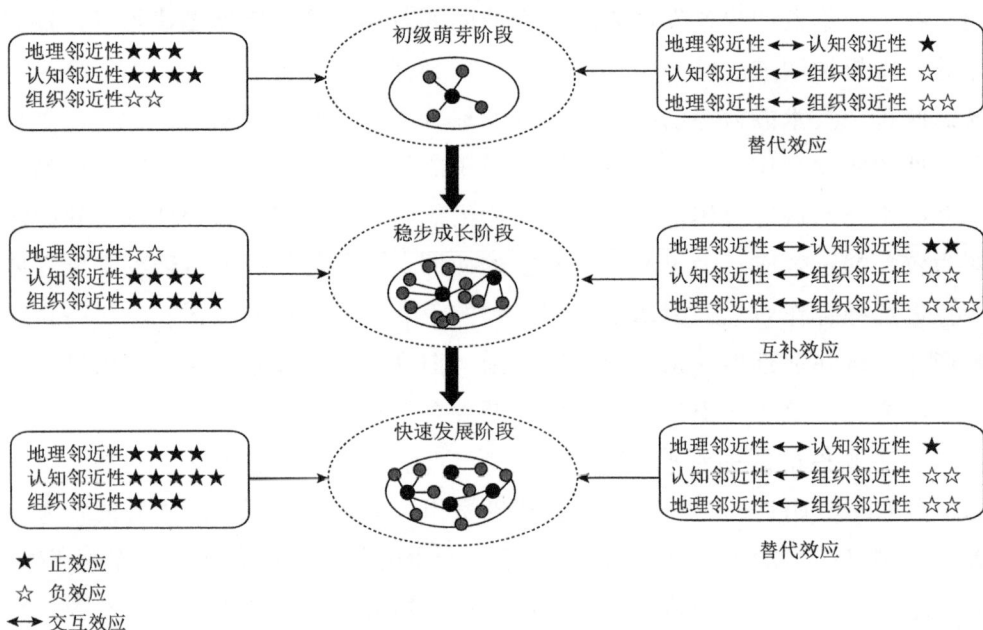

图 6-35　多维邻近性对广州生物医药产业集群创新网络结构演化的影响

（1）产业集群的初级萌芽阶段，地理邻近性推动网络的形成。在此过程中，地理邻近性还促进了认知距离的缩短。三种维度的邻近性之间形成互补效应，以认知邻近性与地理邻近性之间的强化作用为主。

（2）产业集群的稳步成长阶段，认知邻近性推动整体的网络密度的提高，促使更多的合作关系产生。地理邻近性仍然对认知邻近性有正效应，但影响程度减弱。三种维度的邻近性之间出现了相互替代的情况，其中以地理邻近性与组织邻近性的相互替代作用最为明显。

（3）产业集群的快速发展阶段，认知邻近性依然是对网络结构的发展作用最大的要素，且其作用程度大幅提高。地理邻近性对认知邻近性的直接作用程度有所下降，但仍比对组织邻近性的直接作用强。三种邻近性之间的替代作用有较大的减弱或转变为互补作用，此时替代作用最强的是地理邻近性与组织邻近性。

分析合作专利网络、合作论文网络演化的共同点，发现在广州生物医药产业集群创新网络的初级萌芽阶段，地理邻近性对网络结构中心的壮大有唯一的正效应，组织邻近性在一定程度上阻碍了创新合作，较大的认知势差有助于新知识的互补；在广州生物医药产业集群的稳步成长阶段，认知邻近性起唯一的正效应，技术与专业的匹配有助于研发创新。组织邻近性的负效应有所减弱；在广州生物医药产业集群的快速发展阶段，认知邻近性对网络整体密度、中心度的正效应迅速提高。在研发创新的中后期，因实验、试验、检测等资源的移动需要耗费距离成本,地理邻近性的作用稍高于组织邻近性。

6.6　集群创新网络演化机制分析

6.6.1　网络结构演化机制

在生物医药产业集群创新网络结构发展的不同阶段，地理邻近性、认知邻近性、组织邻近性对创新网络的独立影响及程度均有差异。地理邻近性对认知邻近性、组织邻近性的效应也有所变化。不同类型、不同程度的动力作用，使集群创新网络结构在发展演化过程中呈现出一定的阶段性特征。创新网络结构可以用网络密度、网络中心度进行描述。网络密度高，表明网络内主体之间的创新联系较多。网络中心度高，则表明网络中有某些创新主体成为网络内的创新合作中心。在多维邻近性作用下，广州生物医药产业集群创新网络结构演化机制如图 6-36 所示。

在生物医药产业集群创新网络的初级萌芽阶段，创新合作的主体较少。由于前沿领域的知识与技术未得到广泛传播，且高新技术产业需要特定的设备、人才的参与，地理空间距离过大的主体之间难以产生创新合作动机。地理距离靠近，可以形成更多的面对面交流，从而促使知识溢出。创新主体获得溢出的知识、技术、信息后，对新领域有所了解，从而产生共同创新的意

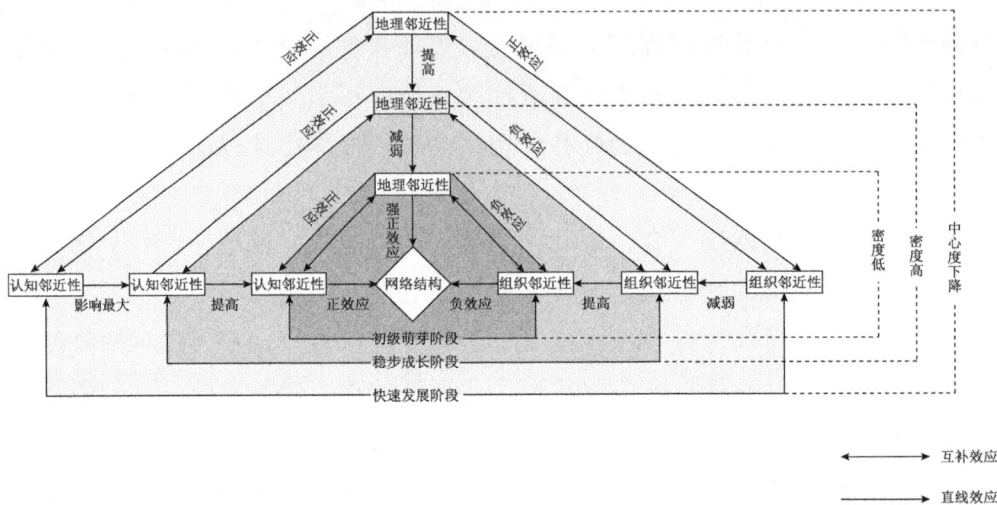

图 6-36　多维邻近性视角下广州生物医药产业集群创新网络结构演化机制

愿。同时，创新主体与具备生物医药创新能力的主体有较高程度的地理邻近性时，其创新合作的可能性越大。此时大部分主体间的认知邻近性为对传统医疗医药制造的认知，认知势差小，较不利于生物医药领域的创新合作。但对于小部分对该领域有共同前瞻认知的主体来说，它们的认知水平相近则利于形成合作，认知邻近性对此时期网络结构发展的正效应较弱。早期的组织邻近性，多表现为企业内部上下级企业或部门之间关系的靠近，内部组织锁定不利于新知识、新信息的流入，从而对创新联系产生不利影响，因此组织邻近性出现负效应。三种维度的邻近性在影响创新网络结构的同时，形成互补作用。地理邻近性在触发知识溢出期间，不断缩小主体间的认知距离，地理邻近性对认知邻近性有正效应；地理邻近性容易产生竞争关系，主体间组织距离较易疏远。此阶段合作创新网络的结构特征为密度较低、中心度相对较高。仅有少部分生物医药企业围绕某一掌握前沿资源的主体进行合作创新。

在生物医药产业集群创新网络的稳步成长阶段，地理距离靠近所形成的知识溢出作用已不能满足创新主体对新领域的知识、技术的需求。创新主体为尽快提升其研发效率，倾向于寻找技术水平、专业领域匹配的主体作为合作对象，认知邻近性对合作的推动作用得到较大的提高。政策环境的完善，社会关系的带动作用，使组织邻近性对创新合作的负效应有大幅度的减弱。企业的开放式创新，企业收购、兼并、衍生，等等，使组织邻近性对合作创新的作用逐渐转变为正效应。三种维度的邻近性之间依然保持互补作用，地理邻近性对认知距离的拉近作用仍然显著。在地理邻近性的效应稍有减弱，认知邻近性与组织邻近性程度提高的情况下，该阶段创新网络的密度达到各阶段的最高值，网络中心度也比较高。这表明创新主体在本地形成较紧密的创新联系，大量的创新资源仍集中于某几个创新主体中。

在生物医药产业集群创新网络的快速发展阶段，网络中各类创新主体、辅助主体、环境主体的数量空前增加。产业集群内的企业对生物医药领域的知识、技术、资讯等有较普遍的认知，认知邻近性对合作的影响程度最高。生物技术公司规模扩大，制造企业分包项目增加，减弱了组织内部上下级之间的创新联系。通过学缘、业缘、血缘等形成的社会关系在大规模研发时期，推动合作的作用低于认知邻近性。该时期活跃的社会组织，如行业协会、产业联盟、人才协会等，为创新主体提供了信任度高、信息流动高效的组织环境。组织邻近性的作用比上一阶段有所减弱，但仍具有重要的影响。主体间的创新合作不仅是前沿知识的交流，还有各种动物实验、临床试验、互派实验人员等。地理邻近性程度高，既有利于节省合作时的运输与通勤成本，也能形成同一区域内的共同诉求，促进合作的形成。在此阶段，地理邻近性对认知邻近性、组织邻近性均产生直接的正效应。地理距离的靠近，不仅能持续促进知识溢出，也能促进一定地理范围内的经济组织、社会组织的形成。此时集群创新网络的整体密度稍有降低，中心度下降幅度较大，网络内部出现多个创新集聚中心。在高度的认知邻近性下，创新主体逐渐从外地甚至国外寻求更成熟的合作伙伴，使本地创新网络密度有所下降。地理邻近性程度的再次提高，组织邻近性程度低，使不同片区内出现多个个体网络，分散原有的中心主体的凝聚力。这是创新网络从成长阶段到成熟阶段的转折时期，网络结构出现新的调整。

6.6.2 创新网络绩效变化机制

多维邻近性对创新网络绩效变化的影响与网络结构有一定的差异，合作的产生未必能有高的经济效益或创新产出。经济效益与创新成果不一定同步增减，但均能显示企业的创新绩效情况。在地理邻近性、认知邻近性、组织邻近性的共同作用下，创新网络绩效在各阶段的变化机制如图 6-37 所示。

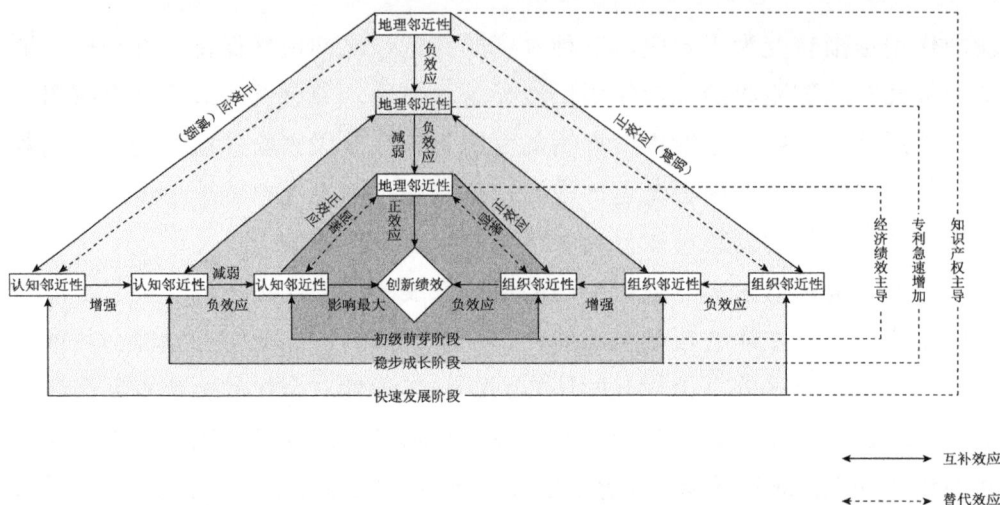

图 6-37　多维邻近性视角下生物医药产业集群创新网络绩效变化

　　在生物医药产业集群创新网络的初级萌芽阶段，组织邻近性强的企业内部封闭，大企业的规模效应在药物专利保护期限消失、新领域出现时对企业绩效产生负效应。地理邻近性程度高，节省距离成本，知识溢出节省企业的学习成本，因而有利于提高企业的创新绩效。但仅通过节省成本来提高吸收效率并不能较大程度上提高企业的创新能力。从传统制药到化学制药转变，提高绩效的关键是加大研发创新投入。企业的技术水平提升，研发方向更为专业化，只有具备同等或相仿认知水平的企业，才能使新领域新产品的研发成功。因此，认知邻近性是初级萌芽阶段促进创新绩效提高的最大邻近性动力。在此阶段，地理邻近性对创新绩效的变化产生显著的中介效应，对认知邻近性、组织邻近性有直接的正效应。地理距离的靠近增强了认知邻近性程度，从而提高了创新绩效；地理距离的靠近加强了同一组织内的企业封闭性，使组织邻近性的负效应增强。三种维度的邻近性在影响创新绩效的同时，相互之间呈现替代作用。在认知邻近性强化的情况下，创新绩效以经济效益的上升为主导。

　　在生物医药产业集群创新网络的稳步成长阶段，各企业对生物医药产业已有普遍认知，企业开始扩展业务范围。在生物医药产业集群创新网络的初级萌芽阶段，掌握生物医药相关知识及技术的企业不多，企业能较轻易地通过某一子领域的产品创新获得较高的经济绩效。但在生物医药产业集群创新网络稳步成长阶段的创新更为复杂，产品的技术含量也更高。合作企业之间在某一子领域具有高度的认知邻近性，其他子领域无法参与其创新当中，因此形成了认知邻近性越强，创新绩效提升反而缓慢的状况。企业在一定地理范围内过于集聚，也会产生空间锁定效应。该时期已经大量出现本地企业与国内外优秀的生物医药企业合作，而合作对象地理距离靠近的企业竞争力明显下降。组织邻近性程度高，能增加合作伙伴间的信任度，更好地磨合相互的合作方式，也能有更灵活、充足的资金周转。此时的组织邻近性是在开放式创新下的企业投资入股、收购兼并等，组织内部分工明确，互补性强。高度的组织邻近性适合在产业平稳期让企业专注研发，该阶段创新绩效以专利数量的急速上升为主要表现。三种维度的邻近性之间从相互弱化，转变为相互强化的互补作用，邻近性的合理组合变得更为重要。

由于生物医药研发时间长，进入市场慢，在生物医药产业集群创新网络的快速发展阶段创新绩效出现缓慢回落。地理邻近性有利于降低距离成本，组织邻近性有助于资金流通。但随着研发创新出现瓶颈，包括创新投入在内的资金支持也难以推动产品上市。在产业从成长到成熟的过渡期，企业之间需要基于能力互补的认知邻近性来促进研发创新成果的产出，认知邻近性再次成为创新绩效提高的最大动力。地理邻近性对认知邻近性、组织邻近性的正效应减弱，三种邻近性之间为互补作用，但各维度邻近性所占的比例不平衡。此时，创新绩效的阶段特征以综合的知识产权数量上升为主，企业利润、专利授权量等增长速度下降。

6.6.3　多维邻近性影响机制

在多维邻近性的影响下，生物医药产业集群创新网络的结构和创新绩效呈现各自的阶段性变化特征，合作结构与绩效之间亦存在相互作用，形成共同演化的机制（图 6-38）。从总体而言，认知邻近性对促成高新技术创新主体的合作、提高其创新绩效存在连续的正效应；地理邻近性的作用从弱的正效应变为负效应，在区域整体能力提升后，地理邻近性又再显现正效应；组织邻近性的内涵随着发展阶段演进、大环境的改变而有所不同，其对结构与绩效的影响先是负效应，再到强的正效应，后降低至弱的正效应。

在生物医药产业的萌芽阶段，创新网络的整体密度较低，围绕某一创新主体的合作显著，因而网络中心度强。少量创新主体掌握前沿的生物医药知识与

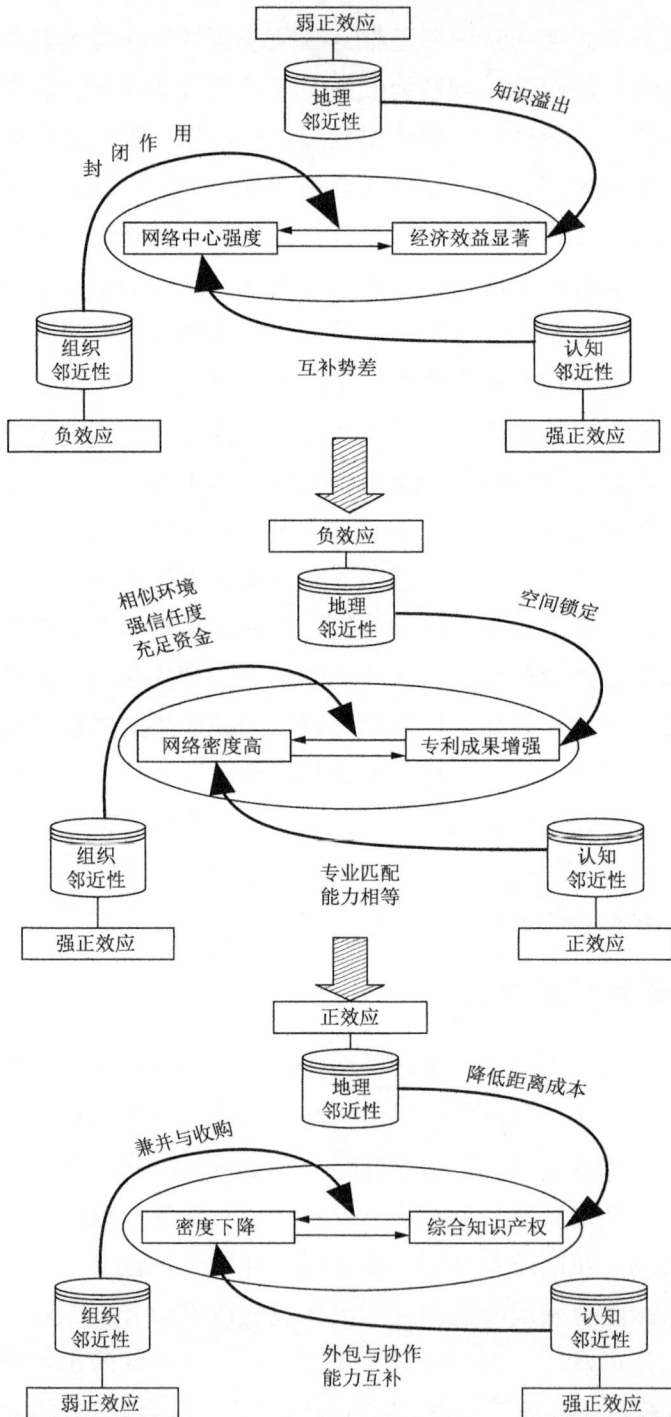

图 6-38 多维邻近性对生物医药产业集群创新网络结构与创新绩效的影响机制

技术，集中的创新合作能专注某一生物医药分领域的研发。由于本地创新竞争少，研发等级较低，创新合作主体能在较短的时间内抢占市场，获得高的经济效益。该时期，地理邻近性的主要作用为促进知识溢出。地理距离靠近更易提高网络的中心度，推动主体创新能力的提高，从而促进创新产出效益。与知识溢出相比，具备共同的研发目标、知识吸收能力的创新主体能更快达成合作共识。强认知邻近性下的合作，能迅速互补知识、技术势差，提高研发效率。单一的上下级组织邻近性在发展到一定阶段会出现内部封闭性，新生事物难以进入具有较强组织邻近性的主体之间，阻碍新合作的形成以及经济效益的提高。

随着创新主体数量逐渐增加，开放式创新的出现，新旧研发主体的合作意愿均有大幅度提高。上一阶段的合作收益使更多的主体认识到合作创新的重要性，创新网络的整体密度急速上升。高频率、高密度的创新合作促使本阶段的专利成果激增，创新效益的增加又推动了更多的合作产生。此时，组织邻近性的内容较为丰富，如归国华侨、技术人员流动等形成的社会关系，本地政策、园区完善形成的有利环境，外地知名企业在本地设分支机构形成灵活的上下级关系，等等。组织邻近性能为创新主体间提供充足资金、高信任度以及相同的创新环境，有利于耗费高、审批复杂的生物医药专利产生，也为主体之间的合作提供便利。创新主体以专业匹配或能力相仿的主体作为合作对象，选择范围扩大，促使网络密度提高。同时，生物医药各个子领域中专业人士汇集，能加速专利的诞生。

在经历了经济效益、创新成果的高速增长后，快速发展阶段的创新绩效处于平稳状态。创新主体的数量仍持续高速上升，各类辅助主体逐步完善，组织邻近性表现为大量的投资、兼并与收购、企业衍生，以及社会组织内会员之间的联系。组织邻近性的正效应变弱，网络结构的紧密度有所下降。创新主体在完成上一轮的研发后，开始拓展业务。因而选择能补全技术短板的主体与能承接部分环节创新的主体进行合作，基于知识、技术需求的认知邻近性再次成为推动合作的最大动力。一定范围内主体的创新能力得到全面提高，在认知邻近性距离同等的情况下，创新主体更愿意选择地理距离靠近的合作对象，因为这样能降低交流的距离成本。三种维度的邻近性正处于抗衡与调整中，网络结构的密度在波动中轻微下降。研发方向、资源分散，创新绩效中未有突出的类别，新产品仍未大量向经济效益转化。

参 考 文 献

艾志红. 2017. 创新网络中网络结构、吸收能力与创新绩效的关系研究. 科技管理研究，37（2）：26-32.

蔡宁，吴结兵. 2005. 产业集群的网络式创新能力及其集体学习机制. 科研管理，（4）：22-28，21.

蔡宁，吴结兵. 2006. 产业集群企业网络体系：系统建构与结构分析. 重庆大学学报（社会科学版），（2）：9-14.

蔡宁，杨闩柱，吴结兵. 2003. 企业集群风险的研究：一个基于网络的视角. 中国工业经济，（4）：59-64.

蔡玮，陈晓红. 2010. 园区集群网络结构、资源获取对企业绩效影响机制. 系统工程，28（8）：31-38.

陈艳艳，王文迪. 2013. 合作创新网络对知识密集型服务企业创新绩效影响的研究. 华东经济管理，27（6）：44-48.

池仁勇. 2005. 区域中小企业创新网络形成、结构属性与功能提升：浙江省实证考察. 管理世界，（10）：102-112.

戴勇，朱桂龙，刘荣芳. 2018. 集群网络结构与技术创新绩效关系研究：吸收能力是中介变量吗？ 科技进步与对策，35（9）：16-22.

党兴华，弓志刚. 2013. 多维邻近性对跨区域技术创新合作的影响——基于中国共同专利数据的实证分析. 科学学研究，31（10）：1590-1600.

邓元慧，欧国立，邢虎松. 2015. 城市群形成与演化：基于演化经济地理学的分析. 科技进步与对策，32（6）：45-50.

丁道韧，陈万明. 2016. 知识网络结构维对于创新绩效的作用机制——远程创新搜寻的中介作用. 管理现代化，36（3）：70-72.

董保宝，尹璐，许杭军. 2017. 探索式创新与新创企业绩效：基于多层级网络结构的交互效应研究. 南方经济，（3）：42-56.

窦红宾，王正斌. 2010. 网络结构、吸收能力与企业创新绩效——基于西安通讯装备制造产业集群的实证研究. 中国科技论坛，（5）：25-30.

樊霞，朱桂龙. 2010. 区域创新网络结构对企业创新绩效的影响. 商业研究，（2）：52-55.

樊新生，李小建. 2009. 欠发达地区产业集群演化分析——以河南长垣卫生材料产业集群为例. 经济地理，29（1）：113-118.

范群林，邵云飞，唐小我，等. 2010. 结构嵌入性对集群企业创新绩效影响的实证研究. 科学学研究，28（12）：1891-1900.

冯卫红，胡建玲. 2016. 旅游产业集群网络结构与企业绩效关系研究. 经济问题，（2）：125-129.

符文颖，Diez J R，Schiller D. 2013. 区域创新系统的管治框架演化——来自深圳和东莞的对比实证. 人文地理，28（4）：83-88.

高霞，陈凯华. 2015. 合作创新网络结构演化特征的复杂网络分析. 科研管理，36（6）：28-36.

高兴，翟柯宇. 2018. 地理邻近与知识产权——基于中国 1331 项新能源技术发明专利的实证研究. 科技进步与对策，35（21）：32-38.

郭亚平，孙丽文. 2009. 高新技术企业创新网络与创新绩效的实证研究——以河北省为研究案例. 河北工业大学学报(社会科学版)，1(2)：32-39.

郭燕燕，杨朝峰，封颖. 2017. 网络位置、地理临近性对创新产出影响的实证研究. 中国科技论坛，（2）：127-134.

韩宝龙，李琳，刘昱含. 2010. 地理邻近性对高新区创新绩效影响效应的实证研究. 科技进步与对策，27（17）：40-43.

贺灿飞，黎明. 2016. 演化经济地理学. 河南大学学报（自然科学版），46（4）：387-391.

胡杨,李郇. 2016. 地理邻近对产学研合作创新的影响途径与作用机制. 经济地理,36(6)：109-115.

胡杨,李郇. 2017. 多维邻近性对产学研合作创新的影响——广州市高新技术企业的案例分析. 地理研究，36（4）：695-706.

黄凯南. 2008. 共同演化理论研究评述. 中国地质大学学报（社会科学版），（4）：97-101.

黄磊，刘则渊，姜照华. 2015. 演化视角下全产业链创新网络结构及核心企业行为对创新绩效的影响——以苹果公司网络为例. 科技进步与对策，32（8）：71-76.

黄林，张新美，朱芳阳. 2018. 基于跨层次理论视角下集群网络的位置、密度与企业创新绩效. 企业经济，37（9）：103-110.

贾根良. 2004. 理解演化经济学. 中国社会科学，（2）：33-41.

雷星晖，韩军，高琦. 2013. 知识网络结构与创新绩效——基于知识密集型服务企业的实证研究. 同济大学学报（社会科学版），24（5）：110-116.

李晨蕾，柳卸林，朱丽. 2017. 国际研发联盟网络结构对企业创新绩效的影响研究——基于社会资本视角. 科学学与科学技术管理，38（1）：52-61.

李二玲，李小建. 2009. 欠发达农区传统制造业集群的网络演化分析——以河南省虞城县南庄村钢卷尺产业集群为例. 地理研究, 28 (3): 738-750.

李福柱. 2011. 演化经济地理学的理论框架与研究范式: 一个文献综述. 经济地理, 31 (12): 1975-1980, 1994.

李后建. 2016. 政治关联、地理邻近性与企业联盟研发投入. 经济评论, (4): 75-88.

李琳. 2014. 多维邻近性与产业集群创新. 北京: 北京大学出版社.

李琳, 邓如. 2018. 产业生命周期视角下多维邻近性对集群创新的动态影响——以中国电子信息产业集群为例. 软科学, 32 (8): 24-27, 62.

李琳, 韩宝龙. 2009. 组织合作中的多维邻近性: 西方文献评述与思考. 社会科学家, (7): 108-112.

李琳, 龚晨. 2017. 多维邻近性对不同知识基础产业创新的影响——基于 ANN 和 OLS 回归双重检验. 科学学研究, 35 (8): 1273-1280.

李琳, 雒道政. 2013. 多维邻近性与创新: 西方研究回顾与展望. 经济地理, 33 (6): 1-7, 41.

李琳, 王晓峰. 2014. 地理邻近与认知邻近对高新区创新绩效的影响——基于社会网络分析. 华东经济管理, (11): 32-37.

李琳, 曾巍. 2016. 地理邻近、认知邻近对省际边界区域经济协同发展影响机制研究——基于对中三角、长三角省际边界区域的实证. 华东经济管理, 30 (5): 1-8, 193.

李琳, 张宇. 2015. 地理邻近与认知邻近下企业战略联盟伙伴选择的影响机制——基于 SIENA 模型的实证研究. 工业技术经济, (4): 27-35.

李琳, 郑刚, 杨军. 2012. 我国产学研合作创新中的地理邻近效应——基于产学研合作创新优秀案例的统计分析. 工业技术经济, (9): 28-34.

李守伟, 朱瑶. 2016. 合作创新网络结构特征对企业创新绩效的影响研究——以新能源汽车产业为例. 工业技术经济, 35 (11): 137-144.

李文博. 2009. 知识网络结构、组织学习与创新绩效的实证研究. 科技管理研究, 29 (8): 415-417.

李响. 2016. 基于产业集群的军地协同创新网络演化研究. 特区经济, (7): 65-67.

李永周, 谢晓玲, 刘江日. 2012. 高技术产业集群网络的企业知识获取渠道研究——以武汉东湖新技术开发区为例. 科技进步与对策, 29 (2): 131-135.

连远强. 2016. 国外创新网络研究述评与区域共生创新战略. 人文地理, 31 (1): 26-32.

连远强, 查耀华. 2016. 新兴产业创新联盟的网络结构与创新绩效关系. 科技管理研究, 36 (19): 129-135.

林秋月, 王文平, 王娇俐. 2010. 产业集群创新网络结构特征的仿真分析——基于 March 利用式-探索式创新分析框架. 管理学报, 7 (7): 1015-1020.

刘凤朝, 马荣康, 姜楠. 2013. 区域创新网络结构、绩效及演化研究综述. 管理学报, 10 (1): 140-145.

刘国巍，张停停. 2018. 创新网络空间格局形成机理及演化分析——基于多元邻近的 Agent 仿真. 科技进步与对策，35（10）：31-38.

刘炜，李郇，欧俏珊. 2013. 产业集群的非正式联系及其对技术创新的影响——以顺德家电产业集群为例. 地理研究，32（3）：518-530.

刘友金，刘莉君. 2008. 基于混沌理论的集群式创新网络演化过程研究. 科学学研究，（1）：185-190.

刘志高，尹贻梅. 2005. 演化经济地理学评介. 经济学动态，（12）：91-95.

刘志高，尹贻梅. 2006a. 经济地理学与经济学关系的历史考察. 经济地理，（3）：353-358，390.

刘志高，尹贻梅. 2006b. 演化经济地理学：当代西方经济地理学发展的新方向. 国外社会科学，（1）：34-39.

刘志高，尹贻梅. 2007. 演化经济学的理论知识体系分析. 外国经济与管理，（6）：1-6，13.

刘志高，尹贻梅，孙静. 2011. 产业集群形成的演化经济地理学研究评述. 地理科学进展，30（6）：652-657.

刘志高，张薇. 2016. 演化经济地理学视角下的产业结构演替与分叉研究评述. 经济地理，36（12）：218-223，232.

罗晓光，孙艳凤. 2015. 创新扩散网络结构与创新扩散绩效关系研究. 科技进步与对策，32（8）：1-6.

吕国庆，曾刚，顾娜娜. 2014a. 经济地理学视角下区域创新网络的研究综述. 经济地理，34（2）：1-8.

吕国庆，曾刚，马双，等. 2014b. 产业集群创新网络的演化分析——以东营市石油装备制造业为例. 科学学研究，32（9）：1423-1430.

马海涛，刘志高. 2012. 地方生产网络空间结构演化过程与机制研究——以潮汕纺织服装行业为例. 地理科学，32（3）：308-313.

马荣康，刘凤朝. 2017. 基于专利许可的新能源技术转移网络演变特征研究. 科学学与科学技术管理，38（6）：65-76.

马双，曾刚，吕国庆. 2014. 集群非正式联系的形成及其对技术创新的影响——以东营市石油装备制造业为例. 经济地理，34（10）：104-110.

马双，曾刚，吕国庆. 2016. 基于不同空间尺度的上海市装备制造业创新网络演化分析. 地理科学，36（8）：1155-1164.

毛崇峰，周青，禹献云. 2016. 认知邻近性对技术联盟创新绩效的影响. 技术经济，35（7）：12-18，70.

纳尔逊. 1997. 经济变迁的演化理论. 胡世凯译. 北京：商务印书馆.

其格其，高霞，曹洁琼. 2016. 我国 ICT 产业产学研合作创新网络结构对企业创新绩效的影响. 科研管理, 37 (S1): 110-115.

饶扬德, 李福刚. 2006. 地理邻近性与创新: 区域知识流动与集体学习视角. 中国科技论坛, (6): 20-24.

阮平南, 栾梦雪, 刘晓燕. 2018. 多维邻近性对创新网络组织间知识转移影响研究——基于 OLED 产业专利数据. 科技管理研究, 38 (17): 150-159.

史丹丹. 2014. 集群网络结构、资源获取能力与企业技术创新绩效——以旅游产业为例的实证研究. 企业经济, (3): 130-133.

史焱文, 李二玲, 李小建, 等. 2015. 基于 SNA 的农业产业集群创新网络与知识流动分析——以寿光蔬菜产业集群、鄢陵花木产业集群为例. 经济地理, 35 (8): 114-122.

谭文柱. 2012. 地理空间与创新: 理论发展脉络与思考. 世界地理研究, (3): 94-100, 151.

滕堂伟. 2015. 生物医药产业集群创新网络结构演化及其空间特性. 兰州学刊, (12): 185-191.

汪涛, Hennemann S, Liefner I, 等. 2011. 知识网络空间结构演化及对 NIS 建设的启示——以我国生物技术知识为例. 地理研究, 30 (10): 1861-1872.

汪涛, 曾刚. 2008. 地理邻近与上海浦东高技术企业创新活动研究——兼比较德国下萨克森州. 世界地理研究, 17 (1): 47-52, 84.

王灏. 2013. 光电子产业区域创新网络构建与演化机理研究. 科研管理, 34 (1): 37-45.

王缉慈, 等. 2001. 创新的空间——企业集群与区域发展. 北京: 北京大学出版社.

王京, 高长元. 2014. 软件产业虚拟集群创新网络演化模型及拓扑结构特征研究. 管理评论, 26 (12): 29-37.

王庆喜. 2013. 多维邻近与我国高技术产业区域知识溢出——一项空间面板数据分析 (1995—2010). 科学学研究, 31 (7): 1068-1076.

王维, 周鹏, 乔朋华. 2014. 地方政府对跨行政边界集群创新网络企业隐性知识共享行为的影响——基于演化博弈论的研究. 科技管理研究, 34 (22): 145-150.

王文森. 2007. 产业结构相似系数在统计分析中的应用. 中国统计, (10): 47-48.

王孝斌, 李福刚. 2007. 地理邻近在区域创新中的作用机理及其启示. 经济地理, 27 (4): 543-546, 522.

王峥. 2008. 集群创新网络的演进: 对小榄镇锁具产业集群的实证研究. 北京: 经济科学出版社.

王周杨, 胡晓辉, 马木兰. 2013. 演化经济地理的理论基础及其在集群研究中的应用. 人文地理, 28 (4): 13-19.

魏江. 2004. 创新系统演进和集群创新系统构建. 自然辩证法通讯, (1): 48-54, 111.

文嫣, 李小建. 2003. 非正式因素影响下的中小企业网络学习与区域发展——河南省偃师市翟镇针织业的研究. 人文地理，（3）：73-76.

邬爱其. 2006. 企业创新网络构建与演进的影响因素实证分析. 科学学研究，（1）：141-149.

吴卫红，李娜娜，张爱美，等. 2016. 京津冀省市间创新能力相似性、耦合性及多维邻近性对协同创新的影响. 科技进步与对策，33（9）：24-29.

吴向鹏. 2003. 产业集群理论：经济网络与社会关系网络的视角. 西安财经学院学报，（6）：15-18.

吴滢. 2012. 新塘牛仔产业集群国际化动力机制与模式研究. 广州大学硕士学位论文.

吴钊阳，邵云飞，党雁. 2018. 产业集群协同创新网络结构演化——以"一校一带"模式为例. 技术经济，37（1）：8-17.

夏丽娟，谢富纪. 2014. 多维邻近视角下的合作创新研究评述与未来展望. 外国经济与管理，36（11）：45-54，81.

肖华茂，田钢. 2010. 集群创新网络演化的粘着机制研究. 科技管理研究，30（6）：209-213，228.

解学梅，李成. 2014. 社会关系网络与新产品创新绩效——基于知识技术协同的调节效应模型. 科学学与科学技术管理，35（6）：58-66.

谢永平，毛雁征，张浩森. 2011. 组织间信任、网络结构和知识存量对网络创新绩效的影响分析——以知识共享为中介. 科技进步与对策，28（24）：172-176.

徐蕾. 2012. 集群创新网络内涵、运行机制与研究展望. 情报杂志，31（5）：202-207.

许琳，沈静. 2017. 共同演化视角下的产业集群发展路径——以汕头市澄海区玩具产业集群为例. 热带地理，37（6）：835-843.

杨春白雪，曹兴，高远. 2018. 新兴技术"多核心"创新网络结构形成的影响因素研究. 中南大学学报（社会科学版），（1）：102-111.

易将能，孟卫东，杨秀苔. 2005. 区域创新网络演化的阶段性研究. 科研管理，（5）：24-28.

尹贻梅，刘志高，刘卫东. 2012. 路径依赖理论及其地方经济发展隐喻. 地理研究，31（5）：782-791.

余佳群. 2013. 集群创新网络的结构及创新机制研究. 商业时代，（29）：118-119.

余凌，郭岖. 2014. 产学研合作创新网络演进及创新能力培养研究. 企业技术开发，33（32）：162-163.

曾德明，任浩，戴海闻，等. 2014. 组织邻近和组织背景对组织合作创新地理距离的影响. 管理科学，（4）：12-22.

曾德明，苏蕊蕊，文金艳. 2015. 研发投入与企业创新绩效——企业研发团队网络结构调节作用研究. 科技管理研究，35（18）：71-77.

张国友. 2003. 关于抽样调查中样本容量的确定. 安徽理工大学学报（社会科学版），（1）：

30-33.

张省. 2017. 地理邻近促进产学研协同创新吗？——基于多维邻近整合的视角. 人文地理，（4）：102-107.

张晓黎，覃正. 2013. 知识与合作网络结构洞对技术创新绩效的影响. 软科学，27（12）：58-62，71.

张永安，付韬. 2010. 焦点企业核型结构产业集群创新网络演进模型、问题及对策研究. 软科学，24（2）：64-69.

张永凯，徐伟. 2014. 演化经济地理学视角下的产业空间演化及其影响因素分析——以中国汽车工业为例. 世界地理研究，23（2）：1-13，25.

赵良杰，宋波. 2015. 联盟网络结构和技术互依性对双元型技术联盟网络创新绩效的影响. 管理学报，12（4）：558-564.

赵炎，王冰，郑向杰. 2015. 联盟创新网络中企业的地理邻近性、区域位置与网络结构特征对创新绩效的影响——基于中国通讯设备行业的实证分析. 研究与发展管理，27（1）：124-131.

郑海涛，刘玲. 2011. 广东产业集群的创新网络演化路径研究. 科技管理研究，31（8）：1-4.

郑展. 2010. 知识流动与区域创新网络. 北京：中国经济出版社.

周灿，曾刚，王丰龙，等. 2017. 中国电子信息产业创新网络与创新绩效研究. 地理科学，37（5）：661-671.

周成，魏红芹. 2018. 产业集群、距离衰减与知识溢出模式研究. 情报杂志，37（11）：203-207，191.

朱海就，陆立军，袁安府. 2004. 从企业网络看产业集群竞争力差异的原因——浙江和意大利产业集群的比较. 软科学，（1）：53-56.

朱泯静，杨永福，朱蕾. 2013. 基于网络结构视角的企业创新绩效影响实证研究. 统计与决策，（10）：183-186.

Almeida P, Kogut B. 1999. Localization of knowledge and the mobility of engineers in Regional Networks. Management Science, 45(7): 905-917.

Anderson M. 1995. The role of collaborative integration in industrial organization: observations from the Canadian aerospace industry. Economic Geography, 71(1): 55-78.

Andersson M, Karlsson C. 2006. Regional innovation systems in small and medium-sized regions. The Emerging Digital Economy, 15(7): 55-81 .

Boschma R A. 2005. Proximity and innovation: A critical assessment. Regional Studies, 39(1): 61-74.

Boschma R A. 2010. The aims and scope of evolutionary economic geography//Boschma R,

Martin R (eds.). The Handbook of Evolutionary Economic Geography. Edward Elgar Publishing: chapter 1.

Boschma R A, Frenken K. 2006. Why is economic geography not an evolutionary science? Towards an evolutionary economic geography. Journal of Economic Geography, 6(3): 273-302.

Boschma R A, Frenken K. 2009. Some notes on institutions in evolutionary economic geography. Economic Geography, 85(2): 151-158.

Boschma R A, Frenken K. 2011. The emerging empirics of evolutionary economic geography. Journal of Economic Geography, 11(2): 295-307.

Boschma R A, Martin R. 2007. Editorial: constructing an evolutionary economic geography. Journal of Economic Geography, 7(5): 537-548.

Bunnell T G, Coe N M. 2001. Spaces and scales of innovation. Progress in Human Geography, 25(4): 569-589.

Camagni R P. 1991. Technological change, uncertainty and innovation networks: towards a new dynamic theory of economic space. Regional Science, Berlin/Heidelberg: Springer, 211-249.

Cantner U, Graf H. 2006. The network of innovators in Jena: an application of social network analysis. Research Policy, 35 (4): 463-480.

Capello R. 1999. Spatial transfer of knowledge in high technology milieux: learning versus collective learning processes. Regional Studies, 33(4): 353-365.

Davids M, Frenken K. 2018. Proximity, knowledge base and the innovation process: towards an integrated framework. Regional Studies, 52(1): 23-34.

Dosi G.1997. Opportunities, incentives and the collective patterns of technological change. Economic Journal, 107(444): 1530-1547.

Essletzbichler J. 2012. Generalized Darwinism, group selection and evolutionary economic geography. Zeitschrift für Wirtschaftsgeographie, 56(1-2): 129-146.

Essletzbichler J, Rigby D L. 2007. Exploring evolutionary economic geographies. Journal of Economic Geography, 7(5): 549-571.

Freeman C. 1991. Network of innovators: a synthesis of research issues. Research Policy, 20(5): 499-514.

Frenken K, Boschma R A. 2007. A theoretical framework for evolutionary economic geography: industrial dynamics and urban growth as a branching process. Journal of Economic Geography, 7(5): 635-649.

Fuentes C D, Dutrénit G. 2016. Geographic proximity and university-industry interaction: the case of Mexico. Journal of Technology Transfer, 41(2): 329-348.

Giuliani E, Bell M. 2005. The micro-determinants of meso-level learning and innovation: evidence from a Chilean wine cluster. Research Policy, 34(1): 47-68.

Glückler J. 2007. Economic geography and the evolution of networks. Journal of Economic Geography, 7(5): 619-634.

Glückler J. 2010. The evolution of a strategic alliance network: exploring the case of stock photography//Boschma R, Martin R (ed.). The Handbook of Evolutionary Economic Geography. Edward Elgar Publishing: chapters14.

Graf H, Henning T. 2009. Public research in regional networks of innovators: a comparative study of four East German regions. Regional Studies, 43(10): 1349-1368.

Granovetter M S. 1977. The strength of weak ties. Social Networks, 78(6): 1360-1380.

Helfat C E, Lieberman M B. 2002. The birth of capabilities: market entry and the importance of pre-history. Industrial & Corporate Change, 11: 725-760.

Keane O, Hall P V, Schuurman N, et al. 2017. Linking online social proximity and workplace location: social enterprise employees in British Columbia. Area, 49(4): 468-476.

Keeble D, Lawson C, Moore B, et al. 1999. Collective learning processes, networking and 'institutional thickness' in the Cambridge region. Regional Studies, 33(4): 319-332.

Keeble D, Wilkinson F. 1999. Collective learning and knowledge development in the evolution of regional clusters of high technology SMEs in Europe. Regional Studies, 33(4): 295-303.

Klepper S. 2001. Employee startups in high-tech industries. Industrial & Corporate Change, 10(3): 639-674.

Klepper S. 2002. The capabilities of new firms and the evolution of the US automobile industry. Industrial & Corporate Change, 11(4): 645-666.

Lazzeretti L, Innocenti N, Capone F. 2015. Does related variety matter for creative industries? Papers in Evolutionary Economic Geography.

Liefner I, Hennemann S. 2011. Structural holes and new dimensions of distance: the spatial configuration of the scientific knowledge network of China's optical technology sector. Environment and Planning A, 43: 810-829.

Martin R. 2010. Rethinking regional path dependence: beyond lock-in to evolution. Economic Geography, 86(1): 1-27.

Martin R, Sunley P. 2006. Path dependence and regional economic evolution. Economic Geography, 6(4): 395-438.

Martin R, Sunley P. 2007. Complexity thinking and evolutionary economic geography.

Economic Geography, 7(5): 573-601.

Mitchell J C. 1969. Social Networks in Urban Situations: Analyses of Personal Relationships in Central African Towns. Manchester: Manchester University Press.

Nelson R, Winter S. 1982. An evolutionary theory of economic change. Cambridge and London: The Belknap Press of Harvard University Press.

Norgaard R B. 1985. Environmental economics: an evolutionary critique and plea for pluralism. Journal of Environmental Eonomics and Management, 12(4): 382-394.

Orlando M J. 2000. On the Importance of Geographic and Technological Proximity for R&D Spillovers: An Empirical Investigation. Federal Reserve Bank of Kansas City.

Orsenigo L, Pammolli F, Riccaboni M, et al. 1997. The evolution of knowledge and the dynamics of an industry network. Journal of Management & Governance, 1(2): 147-175.

Owen-Smith J, Powell W W. 2004. Knowledge networks as channels and conduits: the effects of spillovers in the boston biotechnology community. Organization Science, 15(1): 5-21.

Shaw A T, Gilly J P. 2000. On the analytical dimension of proximity dynamics. Regional Studies, 34: 169-180.

Spicer A, Mcdermott G A, Kogut B. 2000. Entrepreneurship and privatization in Central Europe: the tenuous balance between destruction and creation. Academy of Management Review, 25(3): 630-649.

Strambach S. 2010. Path dependency and path plasticity: the co-evolution of institutions and innovation-the German customized business software industry//Boschma R, Martin R (eds.). The Handbook of Evolutionary Economic Geography. Edward Elgar Publishing: chapter 19.

Sunley P. 2010. The place of path dependence in an evolutionary perspective on the economic landscape//Boschma R, Martin R (eds.). The Handbook of Evolutionary Economic Geography. Edward Elgar Publishing: chapter 3.

Takeda Y, Kajikawa Y, Sakata I , et al. 2008. An analysis of geographical agglomeration and modularized industrial networks in a regional cluster: a case study at Yamagata prefecture in Japan. Technovation, 28(8): 531-539.

Torre A, Rallet A. 2005. Proximity and localization. Regional Studies, 39(1): 47-59.

Wal T, Anne L J. 2014. The dynamics of the inventor network in German biotechnology: geographic proximity versus triadic closure. Journal of Economic Geography, 14(3): 589-620.

Wang Y, Nicholas S. 2007. The formation and evolution of non-equity strategic alliances in China. Asia Pacific Journal of Management, 24(2): 131-150.

Wenting R. 2008. Spinoff dynamics and the spatial formation of the fashion design industry, 1858—2005. Journal of Economic Geography, 8(5): 593-614.

Wilson L, Spoehr J. 2010. Labour relations and the transfer of knowledge in industrial clusters: why do skilled workers share knowledge with colleagues in other firms? Geographical Research, 48(1): 42-51.

Wouden F V D, Rigby D L. 2019. Co-inventor networks and knowledge production in specialized and diversified cities. Papers in Regional Science, 89(4): 1833-1853.

彩 图

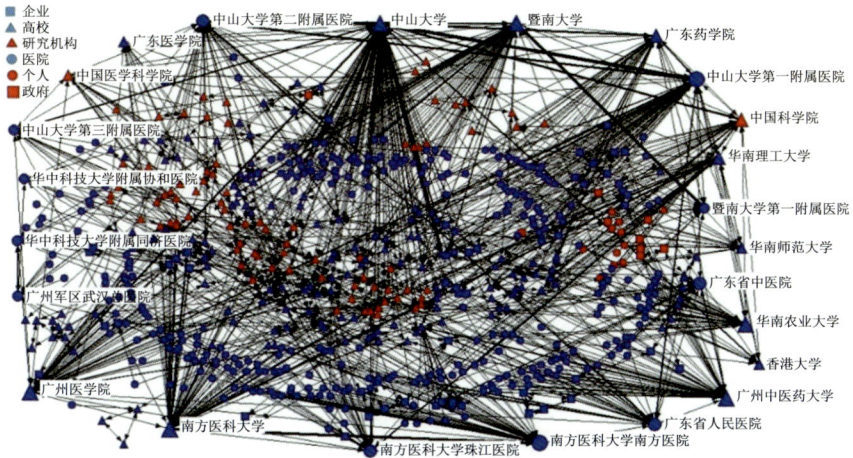

图例：
- ■ 企业
- ▲ 高校
- ▲ 研究机构
- ● 医院
- ● 个人
- ■ 政府

a） 2006 年广州生物医药领域合作论文网络结构

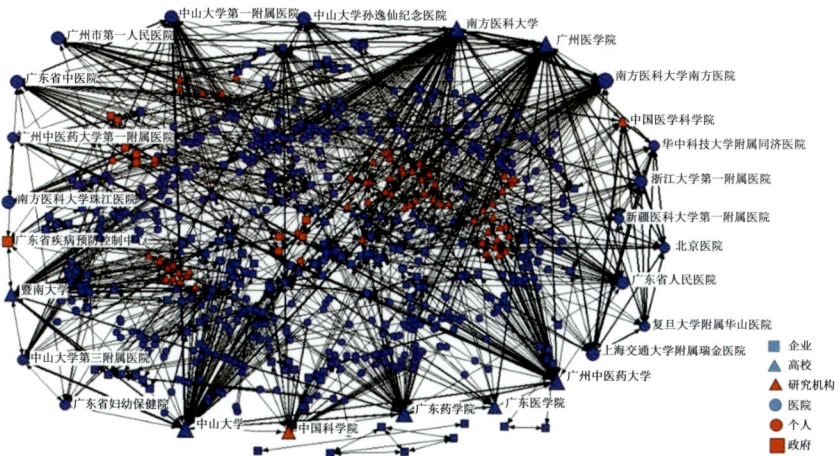

图例：
- ■ 企业
- ▲ 高校
- ▲ 研究机构
- ● 医院
- ● 个人
- ■ 政府

b） 2012 年广州生物医药领域合作论文网络结构

图 6-15 稳步成长阶段广州生物医药合作论文网络结构

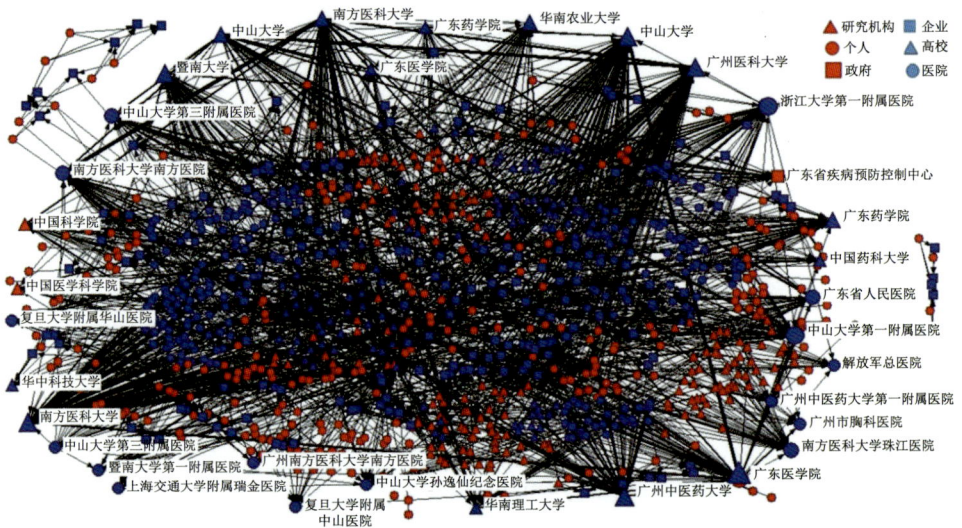

图例:
- ▲ 研究机构
- ● 个人
- ■ 政府
- ■ 企业
- ▲ 高校
- ● 医院

标注节点（图 a）: 南方医科大学、中山大学、广东药学院、华南农业大学、中山大学、暨南大学、广东医学院、广州医科大学、中山大学第三附属医院、浙江大学第一附属医院、南方医科大学南方医院、广东省疾病预防控制中心、中国科学院、广东药学院、中国医学科学院、中国药科大学、复旦大学附属华山医院、广东省人民医院、华中科技大学、中山大学第一附属医院、南方医科大学、解放军总医院、中山大学第三附属医院、广州中医药大学第一附属医院、暨南大学第一附属医院、广州市胸科医院、上海交通大学附属瑞金医院、广州南方医科大学南方医院、南方医科大学珠江医院、复旦大学附属中山医院、中山大学孙逸仙纪念医院、华南理工大学、广州中医药大学、广东医学院

a）2013 年广州生物医药领域合作论文网络结构

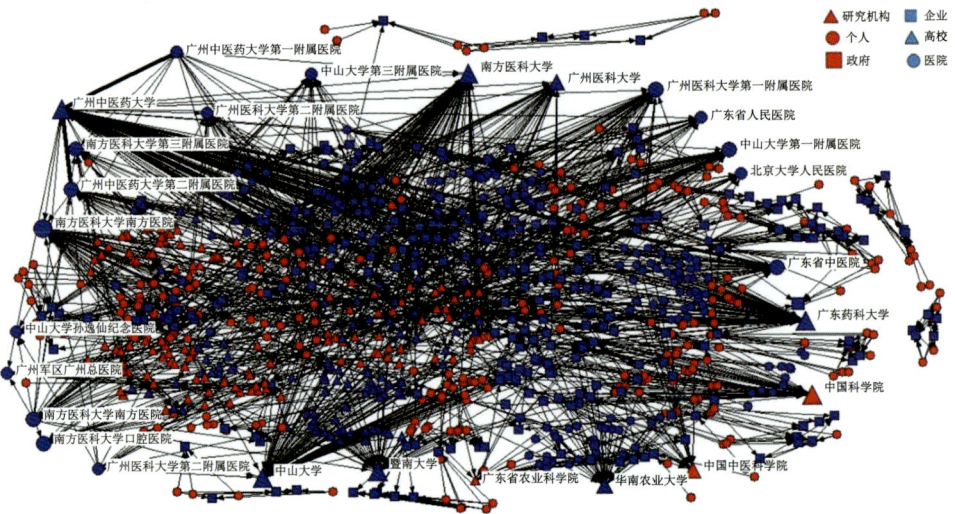

图例:
- ▲ 研究机构
- ● 个人
- ■ 政府
- ■ 企业
- ▲ 高校
- ● 医院

标注节点（图 b）: 广州中医药大学第一附属医院、中山大学第三附属医院、南方医科大学、广州医科大学、广州中医药大学、广州医科大学第二附属医院、广州医科大学第一附属医院、南方医科大学第三附属医院、广东省人民医院、广州中医药大学第二附属医院、中山大学第一附属医院、南方医科大学南方医院、北京大学人民医院、中山大学孙逸仙纪念医院、广东省中医院、广州军区广州总医院、广东药科大学、南方医科大学南方医院、中国科学院、南方医科大学口腔医院、广州医科大学第二附属医院、中山大学、暨南大学、广东省农业科学院、华南农业大学、中国中医药科学院

b）2018 年广州生物医药领域合作论文网络结构

图 6-17 快速发展阶段广州生物医药合作论文网络结构